염세주의자의 행복론
덜 원하는 삶이 더 행복하다

염세주의자의 행복론

덜 원하는 삶이
더 행복하다

쇼펜하우어 지음
현원정 엮음

브라운힐
BrownHillPub

덜 원하는 삶이 더 행복하다

1판 1쇄 인쇄 | 2025. 9. 25.
1판 1쇄 발행 | 2025. 9. 30.

지은이 | 아르투어 쇼펜하우어
엮은이 | 현원정
펴낸이 | 윤옥임

펴낸곳 | 브라운힐
서울시 마포구 토정로 214번지 (신수동)
대표전화 (02)713-6523, 팩스 (02)3272-9702
전자우편 yun8511@hanmail.net
등록 제 10-2428호
ⓒ 2025 by Brown Hill Publishing Co. 2025, Printed in Korea

ISBN 979-11-5825-183-3 03850
값 17,000원

☞ 잘못 만들어진 책은 바꾸어 드립니다.

들어가는 말

고통 속에서 희망을 찾다

   우리가 살아가는 세상은 늘 행복을 약속하는 듯 보이지만, 정작 그 속에서 많은 사람은 공허함과 불안을 경험하며 살아간다. 쉬지 않고 끝없이 달려야만 하는 경쟁의 무대 위에서, 잠시라도 멈추면 도태될 것만 같은 압박은 삶을 더 팍팍하게 만든다. 이럴 때 문득 '삶은 고통이다.'라고 단언한 한 철학자의 목소리가 냉정하면서도 묘하게 위로처럼 다가온다. 바로 19세기 독일의 철학자 아르투어 쇼펜하우어다.

   그는 부유한 상인 집안에서 태어났지만, 어린 시절부터 행복과는 거리가 멀었다. 우울하면서도 포악한 성격의 아버지는 결국 생을 스스로 마쳤고, 어머니와의 관계도 냉랭했다. 가정의 불화와 비극은 그에게 삶이란 본래 고통에 물들어 있다는 강한 인상을 남겼다. 하지만 그는 단순한 체념이나 원망으로 물러서지 않았다. 오히려 이 고통을 철학의 중심에 놓고, 삶의 진실을 탐구하려 했다.

쇼펜하우어가 본 세계는 이성이 지배하는 질서 정연한 곳이 아니었다. 그는 세계를 '맹목적인 의지'의 소용돌이로 보았다. 인간은 끊임없이 무엇인가를 원하지만, 그 욕망은 채워지자마자 새로운 결핍을 낳는다. 마치 물을 마셔도 잠시일 뿐 갈증이 사라지지 않는 것처럼, 만족은 순간에 불과하고 다시 고통이 찾아온다. 그렇기에 그는 인간의 삶을 고통의 연속이라고 규정했다.

그러나 쇼펜하우어의 철학은 단순한 비관으로 끝나지 않는다. 그는 고통 속에서도 우리를 구원할 일견 소극적으로 보이는 작고 확실한 길들을 제시했다. 욕망을 줄이는 삶, 예술에 몰입하는 순간, 그리고 타인의 고통에 공감하는 마음, 음악을 듣는 순간 같은 경우 우리는 욕망에서 잠시 벗어나 순수한 직관의 세계에 머물게 된다. 타인의 고통을 이해하고 연민을 느낄 때, 삶의 무게는 조금 덜어진다. 그리고 무엇보다, 외적 성공과 명예가 아닌 내면의 평온에 집중할 때 비로소 인간은 행복에 가까워진다.

요즘 말로 소확행(小確幸, '소소하지만 확실한 행복'의 약칭)이라 할 수 있는 그의 행복론은 다른 철학자들의 생각과는 달랐다. 아리스토텔레스가 행복을 덕의 실현에서 찾았다면, 쇼펜하우어는 욕망을 줄임으로써 고통을 피하려 했다. 에피쿠로스가 고통을 최소화하는 쾌락을 긍정적으로 보았다면, 쇼펜하우어는 그보다 훨씬 더 어두운 시선을 던졌다. 칸트가 도덕적 의무를 강조했다면, 그는 오직 '연민'에서 진정한 윤리의 뿌리를 보았다. 그리고 니체가 고통을 삶의 원동력으로 긍정했다면, 쇼펜하우어는 고통을 가능한 한 줄이고 회피하는 길을 택했다.

오늘날 현대사회는 자본주의와 기술 발전을 바탕으로 끊임없이 더 많이 소비하고, 더 빨리 성장하며, 더 높이 성공할 것을 요구하고 있다. 광고와 SNS는 사람들의 욕망을 자극하고, 계속해서 타인과 비교하게 만든다. 하지만 쇼펜하우어가 지적했듯이, 욕망의 충족으로 인한 만족은 순간일 뿐 곧바로 허무와 불안이 뒤따른다.

이러한 시대상 속에서 우리는 끝없는 결핍감과 번아웃(burnout, 과도한 스트레스가 오래 이어지며 심리적·생리적으로 탈진한 상태)에 시달릴 수밖에 없기 때문에, 그의 철학이 오랜 세월을 넘어 다시 빛을 발하는 까닭을 짐작하게 된다. 욕망을 채우라고 부추기는 사회 속에서, 쇼펜하우어는 욕망을 줄이라는 정반대의 메시지를 던진다. 과잉 경쟁과 상대적인 박탈감에 지친 현대인에게 그의 사상은 '덜 가지는 삶이 더 평온하다.'는 단순하지만 중요한 깨달음을 준다. 미니멀리즘(Minimalism, 최소주의(最小主意)), 마음 챙김(불교 전통의 '사띠(sati)'에서 유래한 개념으로, 현재 순간에 집중하며 자극이나 감정을 비판 없이 관찰하는 정신적 훈련), 워라밸('워크라이프 밸런스(work-life balance)', 일과 개인의 삶 사이의 균형을 이르는 용어) 같은 요즘 의식의 조류도 사실 쇼펜하우어의 오래된 철학적 직관과 맞닿아 있다.

물론 그의 철학은 지나치게 비관적이라는 비판을 받기도 한다. 사회적 문제를 해결하기보다는 개인적 금욕에 치중했다는 한계도 있다.

하지만 그럼에도 불구하고, 쇼펜하우어는 인간 고통의 본질을 회피하지 않고 정직하게 직시한다. 그 정직함이야말로 그의 철학을 오늘날까지 살아 있게 만드는 원동력이다.

삶은 여전히 고통스럽다. 그러나 쇼펜하우어는 말한다. 그 고통을 피할 수 없다면, 욕망의 굴레에서 벗어나 내면을 다스려라. 예술 속에서, 연민 속에서, 그리고 욕망의 절제 속에서 우리는 고통을 넘어서는 행복의 순간을 맛볼 수 있다. 그의 철학은 결국 절망의 철학이 아니라, 고통을 직시한 끝에 찾아낸 또 다른 방식의 희망일 것이다.

이 책에서는 쇼펜하우어의 난해한 주저(主著)들과 달리 일반인도 이해하기 쉬운 문제와 실용적 조언을 다룬 '삶의 실용 철학'이라 할 수 있는 <여록과 보유> 외에 <윤리학의 두 가지 근본문제>, <의지와 표상으로서의 세계> 등의 저서에서 발췌한 내용을 다섯 가지 주제로 나누어 담았다.

모쪼록 이 책이 만만치 않은 일상을 살아내는 독자들에게 위안이 되기를, 나아가 뜬구름 잡는 공허한 행복론이 아닌 현실적·객관적인 행복의 길잡이가 되기를 바란다.

엮은이

차 례

들어가는 말 / 고통 속에서 희망을 찾다 … 5

1장 도대체 삶이 왜 이렇게 힘든가?

자신만의 삶의 방식을 찾아라 … 17
- 나는 세상에서 가장 특별한 존재이다

현재를 살아라 … 21
- 지금 이 순간이 그대의 시간이다

벗어날 수 없다면 이용해라 … 27
- 고통과 고난은 인간을 살게 하는 힘이다

피할 수 없다면 무시해라 … 31
- 본질적인 고통의 양은 변하지 않는다

고뇌와 권태 사이에서 서성거리지 마라 … 34
- 풍요로운 정신은 모든 종류의 권태를 물리칠 수 있다

행복도 불행도 우리의 선택 결과이다 … 38
- 상상 속의 불안도 무서운 고통을 동반한다

삶은 끊임없는 갈등과 다툼의 연속이다 … 42
- 우리는 태어나면서부터 자기 자신과 싸운다

상대의 객관적인 모습을 솔직하게 인정해라 … 45
- 우리는 서로 영향을 주고받는 사이다

누군가의 희생을 요구하는 욕망은 끊어내라 … 50
- 양심의 길은 곧게 뻗어 있고, 욕망의 길은 복잡하게 얽혀 있다

타인의 행동을 내 행동의 거울로 삼지 마라 … 55
- 인간은 근본적으로 자기 자신 이외에는 별로 관심이 없다

남들이 떠들어대는 헛소리에 상처받지 마라 … 61
- 외적인 요소가 인간의 참모습은 아니다

모든 사람에게 동일한 예의범절을 강요하지 마라 … 68
- 예절은 위조지폐와 비슷하다

관념과 실재 중 어느 쪽을 따를 것인가? … 71
- 인간은 고통과 불안을 잊기 위해 신(神)을 만든다

자연이 가르쳐주는 색다른 의미를 찾아라 … 77
- 죽음은 원래 태어난 곳으로 되돌아가는 유희(遊戲)다

2장 어떻게 받아들여야 하는가?

자신의 외부에서 행복을 찾지 마라 … 83
- 마음의 움직임에 따라 행복과 불행은 서로 자리를 바꾼다

쾌활한 성격이라는 보물을 얻기 위해 노력해라 … 86
- 기질과 성향이 행복과 불행을 가른다

잘못된 기준으로 행복을 판단하지 마라 … 90
- 행복을 측정하는 유일한 척도는 평온한 마음이다

행복해질 수 있는 자격을 갖춰라 … 94
- 행복은 건강이라는 나무에서 피어나는 꽃이다

모든 욕망 중 '돈'이 으뜸이 아니라고 부정하지 마라 … 97
- 돈만이 모든 욕구에 일반적으로 적용되기 때문이다

행복의 요소 중 '돈'보다 더 힘이 센 것을 가져라 … 103
- 행복의 원천은 '정신적 자아'이다

'질투'의 시선을 다른 방향으로 돌려라 … 109
- '비교'는 불행의 시작이다

행복에 집착하지 마라 … 114
- 집착은 인생을 피폐하게 만들 뿐이다

한 가닥 빛이 보인다면 포기하지 마라 … 120
- 고통은 행복의 희미한 그림자이다

자신의 인생에 책임져라 … 124
- 내 운명의 주인은 오직 나뿐이다

3장 무엇을 버리고, 무엇을 채워야 하는가?

진리를 찾으려면 '선입견'과 '편견'을 버려라 … 129
- 세상의 모든 일은 알맹이 없는 껍데기다

직관력에 몰두할 것인가, 상상력에 의존할 것인가? … 131
- 철학과 시(詩)의 차이

명성이나 타인의 판단에 의지하지 마라 … 133
- 입장의 차이만 있을 뿐 근본의 차이는 없다

사색의 길, 독서의 길 … 141
- 사색과 독서가 정신에 미치는 영향의 차이

자신의 내면으로 들어가 진정한 자아를 만나라 … 147
- 명상은 자신을 올바르게 바라보는 능력이다

스스로를 높이지 마라 … 151
- 판단과 권위는 다르다

좌절의 경험을 자신만의 역사로 만들어라 … 156
- 책은 종이로 만들어진 인류의 기억이다

죽음을 준비하며 살아라 … 160
- 죽음의 준비는 더 나은 삶을 살려고 노력하는 것뿐이다

4장 사랑은 또 왜 이렇게 어려운가?

사랑한다면, 고통과 불행으로 가득 찬 삶을 견뎌라 ··· 165
― 사랑은 세상을 지탱하면서 견디게 하는 힘이다

사랑을 비교하거나 눈으로 확인하려 하지 마라 ··· 171
― 사랑의 가치는 희생에서 탄생한다

상대를 사랑하지 않으면서 사랑받으려고 하지 마라 ··· 176
― 남녀 간의 사랑은 무조건적인 것이 아니다

사랑에 빠졌더라도 서로의 차이는 잊지 마라 ··· 182
― 이성 간의 사랑은 상호보완적인 성격을 지닌다

결혼은 차가운 현실임을 간과하지 마라 ··· 188
― 사랑은 우리에게 혼란과 기쁨을 동시에 준다

이성(異性)을 유혹하고 싶다면 본능에 호소해라 ··· 193
― 사랑은 외부를 향해 스스로를 개방하는 것이다

5장 어떻게 살아야 하는가?

자신의 삶에 가치와 의미를 부여해라 … 203
- 행복은 수단을 통해 달성되지 않는다

인생에 대해 지나친 기대를 하지 마라 … 207
- 고통이 멀어졌다 싶으면 권태가 나타나 유혹한다

필요 이상의 행복을 탐내지 마라 … 210
- 진정한 자유는 스스로의 욕망을 통제하는 과정에서 비롯된다

자신이 걸어온 길을 보려면 높은 산으로 올라가라 … 215
- 삶의 끝에 서 있을 때, 자신에 대한 평가를 내릴 수 있다

미래의 행복을 위해 현재를 포기하지 마라 … 219
- 오직 현재만이 소중한 가치를 가진다

끊임없이 변화하는 모든 현상에 대비해라 … 223
- 하루하루는 언제나 새롭게 우리를 가르친다

이성과 도덕적인 본성을 양립시켜 행동해라 … 228
- 고난을 극복하는 것이 인간의 가장 큰 쾌락이다

허식을 버리고 인내심을 배워라 … 234
- 매사에 조심하고 아량을 베풀어야 한다

사람을 대하는 기본적인 태도 … 239
- 인간은 자신의 지성 정도에 따라 타인을 파악하고 이해한다

저자 연보 … 256

1장

도대체 삶이 왜 이렇게 힘든가?

자신만의 삶의 방식을 찾아라
― 나는 세상에서 가장 특별한 존재이다

❖ 삶의 방식은 다양하다. 이 세상에 존재하는 사람들의 수만큼이나 많은 삶의 방식들이 존재한다.

따라서 자신이 받아들이는 삶의 방식은 단지 자신에게만 중요할 뿐이다.

❖ 자신만의 특별한 삶의 방식을 타인과 공유하기를 원하거나 강요하는 것은 어리석은 일이다.

이 세상에서 나와 동일한 운명을 가지고 과거와 현재 그리고 미래의 시간까지 함께 살아갈 사람은 아무도 없다. 나는 나 혼자만의 운명을 살아가고 있는 것이다.

그리고 나는 세상에서 가장 특별한 존재이다.

❖ 인생의 가치를 객관적으로 생각해 볼 때, 그것이 과연 허무보다 우월한지 의심스럽다.

아니, 만일 경험과 격려의 목소리가 정확하게 들린다면 인생은 그 가치보다 허무가 우월할 것이다.

나는 천국이 어떤지 전혀 모른다. 하지만 이 세상에서의 생활은 값싼 희극이 분명하다.

❖ 우리가 쏟아붓는 노력과 그에 따르는 보상의 명백한 불균형을 보면, 삶에 대한 의지는 모든 살아 있는 존재가 가치도 없는 물건을 얻기 위해 온 힘을 기울이고 있는 모습이 아닐까 싶다. 객관적으로 보면 우둔, 주관적으로 보면 미망이라는 생각마저 들게 하는…….

좀 더 상세히 관찰하면, 삶에 대한 의지는 오히려 맹목적인 충동에 가깝다는 것을 알 수 있다. 근거도 없고, 동기조차 전혀 찾아낼 수 없는 충동…….

❖ 생존을 위한 필수조건은 우리의 끊임없는 욕구 대상인 물질이 쉬지 않고 섭취·배설되는 것이다. 이 점에서 우리의 생존은 연기, 불꽃, 분수 등과 비슷하다. 연기, 불꽃, 분수도 공급이 중단되면 곧 쇠퇴하고 멈추지 않는가!

세상이 돌아가는 모습을 크게 보면서 희극에라도 나올 법한 인간 생활의 세부적인 모습에 주목한다면, 우리는 벌레가 우글거리는 물방울이나 세균이 붙어 있는 치즈를 현미경으로 들여다봤을 때의 광경을 보게 될 것이다.

이들 미세한 벌레와 세균의 눈물겨운 활동이나 싸움은 우리를 웃음 짓게 만든다. 한편으로는 이렇게 좁은 공간에서, 다른 한편으로는 그토록 짧은 시간 속에서 과장되고 엄숙하게 움직이는 그들의 모습이 한 편의 희극처럼 보이기 때문이다.

❖ 눈앞에 있는 작은 일에 얽매여서 미래의 중요한 일을 그르치지 않도록 주의해라. 아주 작은 물체라도 눈앞에 있게 되면 그것은 우리의 시선을 가로막아서 외부 세계의 다른 것들을 차단해 버린다.

우리와 가까운 곳에 있는 것들은 실은 아주 보잘것없는 것임에도 불구하고 우리는 그 일에 시간을 빼앗겨서 때때로 다른 중요한 일을 처리하지 못하기도 한다.

❖ 사람은 누구나 자신의 산에 오르기를 꿈꾼다. 어떤 사람은 그 열망이 지나쳐 병이 되기도 한다.

산을 오르기란 사실 그렇게 어려운 일이 아니다. 그런데도 실패하는 것은, 단지 올바른 방법을 모르기 때문이다.

✤ 다양한 인생의 가치를 이해하기 위해서는 진지한 성찰과 많은 노력이 필요하다.

사람들과의 관계를 통해 우리는 인생의 중요한 교훈을 배운다. 그러나 우리는 그 교훈들을 그 당시에는 거의 이해하지 못하는 경우가 많다.

✤ 생존에 대한 의지는 사회가 요구하는 본능 중 하나이다. 종족의 번식을 통해 이 사회가 유지될 수 있기 때문이다.

하지만 개인은 자신의 행동을 사회적인 의도가 아니라 사랑 때문이라고 믿는다.

현재를 살아라
― 지금 이 순간이 그대의 시간이다

❖ 시간이란 인간의 두뇌 속에 있는 장치로, 사물뿐 아니라 허무적 존재인 인간에게 지속성을 부여함으로써 실재성이라는 가상(假像)을 선사한다.

과거에 행복 또는 쾌락의 기회를 놓쳤다고 한탄하는 사람은 얼마나 어리석은가! 혹여 그 기회를 잡았다고 해도 어느 만큼이나 득을 봤겠는가!

추억은 말라빠진 미라에 지나지 않는다. 그런 점에서 시간 그 자체는 우리에게 지상에 존재하는 모든 쾌락의 허무성을 가르쳐주기 위한 수단에 지나지 않는다.

❖ 시간과 공간은 무한하다. 하지만 시간과 공간 속에 있는 존재는 유한하다.

그러한 사실을 깨달을 때 우리는 허무를 느낀다.

현재는 지속되지 않는다는 것, 모든 사물은 서로 의존하고 상대적이며 한곳에 머물지 않는다는 것, 언제나 희망을 품고 있지만 만족을 얻기 어렵다는 사실은 우리에게 허무를 안겨준다.

시간이 모든 것을 무(無)의 상태로 돌아가도록 만들기 때문이다.

❖ 한번 존재했던 것은 이미 존재하지 않고, 한 번도 존재한 적이 없는 것은 현재에도 존재하지 않는다. 그러나 현재 있는 모든 것은 다음 순간이면 이미 존재했던 것이 되어버린다.

그러므로 아무리 무의미한 존재라도 현실성이라는 측면에서 본다면 중요한 과거보다 더 나은 것이다. 이 관계는, 비록 얼마 되지 않더라도 있는 쪽이 아무것도 없는 쪽보다 더 나은 것과 같다.

❖ 우리 삶에서 현재의 '있다'는 단지 한순간에 불과하며, 이 순간이 지나버리면 영원히 '있었다'가 된다. 그래서인지 저녁이 찾아올 때마다 우리 마음은 늘 빈곤해진다.

만일 우리의 깊은 내면에 '아니다! 우리에게는 절대로 마르지 않는 영원한 샘물이 주어져 있으며, 이것으로 늘 삶의 시간을 갱신할 수 있다.'라는 남모를 의식이 존재하지 않는다면, 우리에게 주어진 짧은 시간이 순식간에 지나가 버리는 것을 눈으로 확인하는 순간 우리는 모두 미쳐버릴지도 모른다.

❖ 그렇다면 '현재를 즐기는 것'을 인생의 목적으로 설정하는 것이 최고의 지혜일까? 현재만이 실재이며, 다른 모든 것은 생각의 유희에 지나지 않으니까 말이다.

하지만 이런 생각이야말로 가장 어리석은 것이다. 이미 존재하지 않는 그러한 것, 마치 꿈처럼 흔적도 없이 사라져버리는 것은 노력해서 추구할 값어치가 절대로 없기 때문이다.

❖ 시간이 언제나 우리를 기다려줄 것이라고 착각하지 마라.

게을리 걸어도 언젠가는 목적지에 도착할 날이 오리라고 기대하지 마라.

하루하루 전력을 다하지 않고는 그날의 보람은 없다.

보람 없는 날들의 반복으로 최후의 목표가 달성될 리 없다.

위대한 인생은 눈에 보이지 않는 성장을 통해 만들어진다.

❖ 인간에게 가장 중요하고 절박한 문제는 존재에 대한 물음이다. 그런데도 인간은 이런 사실을 인식하지 못하고 살아가는 우매한 존재다.

개인이 가지는 본질적 존재는 현재에서만 그 의미를 지닌다.

과거를 되돌아보고 과거에 가라앉는 것 자체가 죽음 속으로 질질 끌려 들어간다는 의미이며, 차츰 죽어간다는 의미이다.

왜냐하면 과거는 인간의 의지가 어떻게 그 사람 속에서 나타났는지를 보여주는 것이긴 하지만, 현재와의 관련성을 제외하고는 이미 완전히 결정되고 죽은 것이며, 이미 존재하지 않는 것이기 때문이다.

바로 지금의 이 순간이 그대의 시간이다. 지금은 그대를 위해 예정된, 다른 모든 순간과 구별되는 영원하고도 특별한 순간인 것이다.

✤ 영원한 시간의 흐름과 비교한다면 우리 삶은 한순간의 꿈과도 같다.

그러나 인간은 고난, 무기력, 동정, 비틀거리는 걸음 등에 의지한 채 계속해서 꿈을 꾸는 것으로 평생을 보내고, 시시하고 보잘것없는 생각에 잠겨 죽음에 다다른다.

인간은 태엽에 감겨 아무 생각 없이 돌아가는 시곗바늘과 같다. 즉 세상에 태어난 순간부터 인생 시계의 태엽에 감겨 돌아가는 소리도 내지 못한 채 낡은 시계처럼 천천히 돌아갈 뿐이다.

✤ 시간은 쉬지 않고 우리를 몰아세우고, 숨도 못 쉬게 하며, 채찍을 휘두른다.

시간이 채찍질을 멈추는 순간은 우리가 권태에 빠졌을 때뿐이다.

❖ 어떤 사람은 경솔하다고 할 만큼 지나치게 현재에만 얽매여 살고 있고, 또 어떤 사람들은 지나치게 미래에만 얽매여 살고 있다. 이 둘의 균형을 올바르게 유지하는 사람은 극히 드물다.

미래 속에서만 사는 사람들은 여러 가지 희망을 품고 미래 속에서만 행복해질 수 있으리라 믿으면서 언젠가 일어날 것을 향해 성급하게 달려간다. 또한 매우 노련하고 현명한 듯한 표정을 하고 있지만, 현실을 무시한 채 지나쳐버린다. 이렇게 사는 사람들은 죽을 때까지 오직 임시적인 삶을 살면서 자신의 존재를 기만하는 것과 다름없다.

우리는 미래를 위한 계획과 배려에만 전념한다든지, 과거에 대한 동경으로 애태우지 말고, 현재만이 현실이며 확실하다는 사실을 명심해야 한다. 현실만이 참된 시간이며, 오로지 현재 속에서만 우리가 존재하기 때문이다.

따라서 우리는 늘 현재를 밝고 씩씩하게 받아들여야 한다. 또한 직접적으로 느끼는 불쾌감과 고통에서 해방된 시간을 있는 그대로 받아들여야 한다. 소중한 시간인 만큼 과거에 실현할 수 없었던 기대를 떠올리거나, 미래의 불안감에 이끌려서 어두운 얼굴을 하고 있지 말라는 것이다.

이미 지나간 옛날 일을 후회하거나, 오지도 않은 앞날의 일을 걱정함으로써 현재의 멋진 시간을 망쳐 버린다면 그것보다 어리석은 일이 어디 있겠는가.

❖ 우리는 '오늘'이라는 날은 한 번만 올 뿐 두 번 다시 오지 않는다는 사실을 마음에 새겨두어야 한다.
하지만 우리는 '내일'이면 또다시 '오늘'이 온다는 잘못된 생각을 가지고 있다.
이러한 생각은 '내일' 역시 오직 한 번밖에 오지 않는 다른 날이라는 점을 간과한 것이다.

벗어날 수 없다면 이용해라
— 고통과 고난은 인간을 살게 하는 힘이다

✤ 인간의 직접적인 존재 목적은 바로 고뇌다. 그렇지 않다면 인간의 존재 의의는 이 세상에서 사라지고 말 것이다. 왜냐하면 고뇌는 이 세상을 가득 채우고 있을 뿐 아니라 인생 자체와 불가분의 관계를 맺고 있기 때문이다.

따라서 필요에 의해 생긴 많은 고뇌와 고통을 아무런 목적도 없는 단순하고 우연한 산물로 치부해 버리는 것은 이치에 맞지 않는다.

불행을 하나하나 따로 떼어놓고 본다면 가끔 나타나는 엉뚱한 사건처럼 보일 수도 있지만, 이 세상은 일반적으로 불행과 고통으로 가득 차 있으니까 말이다.

✤ 인간은 평생 근심과 고통, 고뇌를 등에 지고 살아가도록 운명 지어졌다. 원하는 것마다 모두 다 이루어진다면 인간은 어떻게 자기 생활을 꾸려나가고, 또 무엇을 위해 시간을 쓴단 말인가?

공기가 없으면 우리 목숨이 위태로운 것처럼, 생활에 결핍과 고통, 역경과 좌절의 압박이 없으면 인간은 오만한 마음으로 인해 비록 파멸은 모면한다고 해도 걷잡을 수 없이 어리석은 짓을 하게 될 것이다. 아니, 어쩌면 미쳐버릴지도 모른다.

따라서 어느 정도의 걱정이나 고통, 고난은 인간을 살게 하는 힘이다. 짐을 싣지 않은 배가 물살에 자꾸 흔들려 곧게 나아갈 수 없는 것과 같은 이치다.

✤ 우리 삶은 종착지를 모르는 여행 같고, 삶에 대한 강한 의지는 덧없는 꿈과 같다.

삶은 시간과 공간의 백지 위에 의지가 그려놓은 짓궂은 그림이다.

이 그림이 눈 깜짝할 사이에 사라져버리면, 그 뒤에 또 다른 짓궂은 그림이 그려지게 된다.

고통에서 벗어나기 위해 아무리 노력해도 우리는 한 치도 벗어날 수 없다. 단지 고통의 형태를 약간 바꿀 수 있을 뿐이다. 인간의 본질적인 고통은 본래 궁핍한 삶과 생명을 유지하려고 하는 욕구에서 비롯되기 때문이다.

만약 고통을 추방할 수 있다고 해도 그 고통은 즉시 다른 형태로 우리 눈앞에 나타나며, 다시는 나타날 수 없는 경우에는 최후의 수단으로 음산한 기운이 감도는 무료함의 망토를 걸친 채 그 추악한 얼굴을 내민다.

하지만 무료함을 추방하는 데 성공했다고 해도 고통은 또 다른 모습으로 다시 등장하며, 이런 현상이 되풀이되지 않게 하는 일은 지극히 어렵다. 왜냐하면 모든 인간의 생활은 고통과 무료함 사이를 오가기 때문이다.

❖ 우리에게 어떤 불행이 닥쳤을 때 도저히 견딜 수 없을 것 같은 마음이 드는 이유는 '조금만 운이 좋았다면 이렇게 되지는 않았을 텐데.'라는 생각이 들기 때문이다.

우리는 늙음이나 죽음, 그리고 숱한 일상생활의 불편함처럼 우리 능력으로 어떻게 할 수 없는 일반적인 불행에 대해서는 슬퍼하려고 들지 않는다. 즉 우리는 고통이 상황에 의해 우연히 만들어진다는 사실을 잘 알고 있기 때문에 더 큰 고통을 느끼는 것이다.

여기에서 벗어나려면 고통스러운 상황, 마음을 아프게 만드는 관계, 예민한 신경을 자극하는 경험 등에 빠져서 자신을 가두어 놓는 일부터 그만둬야 한다.

❖ 인간의 모든 고뇌는 혼자 있을 수 없다는 점에서 시작된다. 우리는 복잡한 삶을 살아오면서 많은 것들을 잃어버리고 있다. 매

우 소중하고 귀중한 것들을 삶 속에 묻어 둔 채 그곳을 지나쳐온 것이다.

지혜로운 사람만이 마음의 평화를 누린다.

✤ 고독을 통해 얻을 수 있는 가장 커다란 이득은 자신의 진정한 모습을 만날 수 있다는 사실이다.

그리고 두 번째로 얻을 수 있는 이득은 엮이고 싶지 않은 사람들과 멀리 떨어져 있을 수 있다는 것이다.

✤ 인간은 대부분 젊은 시절에는 행복에 대한 갈망으로 가득 차 있지만, 나이가 들어갈수록 모든 행복은 망상의 산물에 불과하며 고통과 두려움만이 실재한다는 사실을 깨닫게 된다.

그러다 보니 지혜로운 사람들은 강렬한 쾌락보다 차라리 고통이 없기를 바라며, 될 수 있는 대로 재난을 피할 수 있는 형태의 삶을 살려고 한다.

『나도 젊었을 때는 초인종 소리만 들려도 기분이 좋아서 "아, 좋은 일이 있으려나 봐."라며 반가워했지만, 나이를 먹고 인생의 참모습을 안 뒤부터는 초인종 소리에 두려움이 생겨 "아! 무슨 불길한 일이 생기는 것은 아닌가?"라고 중얼거리게 되었다.』

피할 수 없다면 무시해라
― 본질적인 고통의 양은 변하지 않는다

❖ 사막에서 고독하게 혼자 성장한 두 사람이 처음으로 대면하게 되었을 때, 그들은 어떻게 행동할 것인가?

이 문제에 대해 홉스와 후펜도르프 그리고 루소는 전혀 상반된 의견을 제시했다. 홉스는 두 사람이 서로 적대시하게 될 거라고 대답했으며, 후펜도르프는 우호적으로 다가설 거라고 주장했다. 그리고 루소는 그들은 서로 아무런 말도 하지 않고 그대로 지나칠 거라고 말했다.

이들 세 사람의 의견은 모두 어떤 의미에서 정당하다. 왜냐하면 그것은 사막에서 대면한 두 사람의 성격이 어떠한가에 따라 결과가 다를 수 있기 때문이다.

사막은 우리의 성격을 측정할 수 있는 적절한 장소가 될 수 있다. 타인을 대할 때 '저 사람은 내가 아니다.'라는 생각을 하고 있으면 그 사람에게 적의를 품게 될 것이고, '또 하나의 내가 다가오고 있다.'라는 생각을 하고 있으면 친절하게 대할 것이다. 그리고 상대방이 '저 사람은 아무것도 아니야.'라는 생각을 하고 있다면, 그 사람을 철저히 무시하는 것이 어렵지 않을 것이다.

✤ 고통은 삶에 있어서 불가피한 것이다. 고통의 형태나 형식은 우연에 의해서 현재 시점에만 나타나고, 고통이 없어졌다고 해도 아직 얼굴을 드러내지 않은 또 다른 고통이 이내 등장한다.
이처럼 고통이 아무리 다양한 모습으로 나타난다고 해도 본질적인 고통의 양은 그 사람의 성격에 따라 항상 일정하다.

✤ 우리는 잠시도 곁을 떠나지 않는 고통에 대해 늘 외적인 원인, 이를테면 핑곗거리를 찾고 있다. 이는 자유를 구속당하지 않은 사람이 주인을 섬기겠다며 우상을 만들어내는 것과 같은 이치다.
싫증도 내지 않고, 욕망에서 욕망으로 넘나들며, 어떤 일이든 만족하는 법이 없고, 부끄러운 미망이었다는 사실이 밝혀졌을 때도 스스로가 다나오스(Danaos)의 물통(다나오스의 딸이 남편을 죽인 벌로 구멍 뚫린 물통으로 끝없이 물을 퍼야 했다는 그리스 신화)으로 물을 긷고 있다는 사실을 모른 채 여전히 새로운 욕망을 추구하고 있는 것이다.

그렇기 때문에 우리는 끝없이 욕망에 쫓기게 되고, 만족할 수 없는 욕망에 부딪히게 되며, 결코 그것을 버릴 수 없게 된다. 말하자면 우리는 우리가 그간 끊임없이 찾아온 것을 다시 만나는 것이다.

❖ 우리 자신의 본질 대신 내세울 수 있는 것이 고통의 원천인 욕망이다.

하지만 고통은 본질적인 것이고 참된 만족은 불가능하다는 인식에서 한 발짝 물러선다면, 비록 운명과는 불화를 일으킬지언정 우리 존재와는 화해할 수 있을 것이다.

고뇌와 권태 사이에서 서성거리지 마라
— 풍요로운 정신은 모든 종류의 권태를 물리칠 수 있다

❖ 고뇌와 권태는 인간 생활의 최종 요소다.

우리의 삶은 마치 시계추처럼 고뇌와 권태 사이를 끊임없이 반복하면서 서성거린다.

이 같은 사실은 하나의 묘한 형태로 나타난다. 인간은 지옥을 온갖 죄악과 고통이 득실거리는 곳이라고 말하면서도, 천국에 대해서는 권태 이외에 어떤 단어도 덧붙이지 못한다.

❖ 인간의 삶은 우선 생계라는 과업을 유지하면서 이어진다. 하지만 이 과업을 통해 얻은 것은 일종의 무거운 짐이 되어 돌아온다. 손에 넣은 것을 처분하고 처리해야 한다는 제2의 과업이 숨 돌릴

새도 없이 출현하기 때문이다.

　인생의 제1 과업은 무엇인가를 손에 넣는 것, 제2 과업은 손에 넣은 것을 이내 잊어버리는 것이다. 그렇지 않으면 손에 들어온 것이 곧 무거운 짐이 되어 우리를 짓누른다.

　제1 과업과 제2 과업을 완수하여 생활이 안정되면, 잠복하고 있던 '권태'라는 녀석이 맹수처럼 곧 들이닥치는 것이 일반적인 우리 삶의 형태다.

❖ 세상 전체를 돌아보면, 숨 돌릴 새도 없이 몰아치는 생존 경쟁의 모습을 목격하게 된다. 시간을 가리지 않고 발생하는 수많은 위험과 재난에 전심전력을 다 해 대항하는 맹렬한 격투의 모습 말이다.

　그다음에는 모든 악전고투에 따르는 보상, 이를테면 생존이나 생활에서 고통이 사라진 순간이 아주 잠시 찾아온다.

　하지만 이내 '권태'의 습격을 받게 되고, 우리는 순식간에 새로운 곤궁에 빠지게 된다.

　'고난' 다음에 '권태'가 도사리고 있다는 사실은 인생이 단지 욕구에 의해 움직이고 있다는 점을 단적으로 말해주는 것이다.

　이러한 '권태' 다음에는 생존 자체의 덧없음과 공허가 그 모습을 드러낼 것이 자명하지 않겠는가.

❖ 권태란 생존의 공허함을 느끼는 상태다. 하지만 우리의 본질

과 생존이 그토록 갈망하는 생명이 실재적 가치와 내용을 지니고 있다면 권태가 생길 리 없으며, 단순한 생존만으로도 우리는 만족감을 느끼게 될 것이다.

그런데 우리는 부단히 노력하고 있거나, 순수하게 지적인 일을 하고 있을 때만 생존의 기쁨을 느낀다.

그러나 애석하게도, 노력하고 있을 때는 현재의 위치와 목적과의 거리로 인해 기쁨을 느끼지만 이 기쁨은 목적을 이루는 순간 사라져버린다.

마찬가지로 순수하게 지적인 일을 하고 있을 때는 우리가 인생에서 벗어나 있는 것과 다름없으므로 극장의 관객처럼 한발 뒤로 물러나 인생을 바라볼 뿐이다.

❖ 감각적인 쾌락의 본질은 끊임없이 욕망의 만족을 추구하는 것이다. 하지만 목적에 도달하는 순간 쾌락도 사라지고 만다. 이때 우리는 생존의 허무와 공허를 확인하게 된다. 이것이 바로 권태다.

이런 점에서 권력자들의 과시하는 듯한 장식품이나 파티에서 볼 수 있는 호화찬란함도 결국 인간 생존의 본질적인 비참함을 모면하려는 헛된 시도일 뿐이다.

화려한 파티장에서 완벽한 행복감을 느끼는 사람은 단 한 명도 없을 것이다. 만일 있다면 그는 술에 취해 있을 것이 분명하다.

❖ 감각이 예민한 사람은 다른 사람들보다 권태를 덜 느끼는 대신에 고통은 두 배로 받아들인다. 반면에 감각이 예민하지 않은 사람은 감수성의 결함 때문에 고통보다는 권태를 더욱 참기 어려워한다.

권태를 참기 어려워하는 사람은 그러한 상태에서 벗어나기 위해 외부에서 자극을 찾기 마련이다.

하지만 권태에서 벗어날 수 있는 가장 효과적인 방법은 내면의 부를 쌓는 일이다. 풍요로운 정신이야말로 모든 종류의 권태를 물리치는 강력한 힘이기 때문이다.

❖ 고통이 없고, 동시에 권태가 없는 삶이야말로 가장 행복한 삶이다. 그것은 행복의 절정이다.

행복도 불행도 우리의 선택 결과이다
- 상상 속의 불안도 무서운 고통을 동반한다

❖ 우리 앞에 펼쳐진 하루하루는 새롭고 신선하다. 그 시간은 우리가 지금 당장 자신을 위해 사용할 수 있는 시간이다.

우리는 깨끗하고 순수한 마음으로 그 시간을 맞이할 수도 있지만, 과거의 상처와 원한, 두려움으로 하루를 보낼 수도 있다. 그 선택은 바로 우리가 하는 것이다.

살아가면서 우리는 수많은 선택을 한다. 그러나 우리는 그 선택의 순간들을 일상화된 관습에 포함시켜서 습관에 따라 행동해 버리고 만다.

그러나 생각해 보라. 지금 당신에게 벌어지고 있는 일들이 얼마나 많은 선택에 의해 이루어지고 있는가를…….

❖ 얼마나 많은 사람이 희망의 속삭임에 빠져 인내하고 노력했던가. 그 결과 저들은 희망이 절망이 되는 참혹한 순간을 온몸으로 버텨내야 했다.

희망이 우리에게 준 것이 있다면 언젠가 다시 가져갈 작정이기 때문이다.

희망이 우리에게 꿈을 주었다면 언젠가는 꿈에서 깨어나야 한다.

희망이 우리에게 삶의 목표를 주었다면 목표가 달성되는 순간, 우리의 노고는 누군가가 희망했던 대로 그에게 고스란히 바쳐지게 될 것이다.

❖ 희망은 마치 독수리의 눈빛과도 같다. 항상 닿을 수 없을 정도로 아득히 먼 곳만 바라보고 있기 때문이다.

진정한 희망이란 바로 자기 자신을 신뢰하는 것이고, 행운은 거울 속의 자신을 바라볼 수 있을 만큼 용기 있는 사람에게 찾아온다.

인간의 희망은 절망보다 격렬하다. 그리고 영원히 지속된다.

❖ 영혼의 버팀대가 될 수 있는 것은 자신의 의지와 결심이다. 그 사실을 알고 있다면, 그는 행운을 안고 있는 사람이다.

❖ 인생의 확고한 목적이 있다면, 우리는 우리의 일에 간섭하는 사람의 비난이나 칭찬에 신경 쓰지 않고 오직 목적을 향해 앞으로

나아갈 수 있다.

　절망의 노예가 되기를 포기했을 때, 인간은 비로소 진정한 기쁨을 맛볼 수 있다.

　✤ 자기 자신에게 그리고 타인에게 보이는 적극적이고 긍정적인 자세는 우리 삶 안에서 엄청난 힘을 발휘한다.
　부정적인 판단을 적극적인 사고로 바꾼다면, 우리의 인생은 긍정적인 결과를 보증한다.

　✤ 긍정적인 경험에서 얻게 되는 교훈이 있지만, 부정적인 경험을 통해 더 많은 것을 배울 수도 있다.

　✤ 어떤 상황을 만날 때마다 그것이 최초의 경험이라고 생각해라. 왜냐하면 그 상황들은 모두 새로운 상태에서 다가오기 때문이다. 언제나 그 점을 잊지 말아야 한다.

　✤ 상상 속의 불안도 무서운 고통을 동반한다.
　그러나 그것은 현실이 아니다. 미래의 불안은 미래의 것이다.
　현실의 나와 멀리 떨어져 있는 불안에 대해 걱정하는 것은 몹시 어리석다.
　지금 이 순간에도 미래에 대한 상상 속에서 불안으로 떨고 있다면 조금이라도 빨리 꿈에서 깨어나라.

　모든 걱정은 환상에 불과하다. 고개를 돌리면 평화로운 현실이 있다.

　불안은 미래의 불행에 대비할 수 있는 힘을 주기도 한다. 불행이 닥쳤을 때의 고통을 미리 생각하기 때문에 그 무게를 덜어주는 것이다.

　그러나 상상은 종종 극단적으로 흐르므로 상상 속의 불안은 우리에게 이득보다 손실을 안겨준다.

　❖ 행복과 불행에 대한 상상력을 억제해라. 행복과 불행에 대한 생각은 일단 한번 시작하면 좀처럼 걷잡을 수 없게 된다. 거센 폭풍의 기운에 휩쓸린 것처럼 제멋대로 자라나는 것이 상상력의 특징이니까 말이다.

　행복이나 불행에 대한 상상력은 모래성과도 같다. 우리는 상상력으로 모래성을 쌓지 않도록 경계해야 한다. 상상 속의 모래성은 많은 열정을 낭비할 뿐이다. 상상력으로 세운 건물은 단 한 번의 한숨만으로도 무너져 내릴 만큼 허망하다.

　그러나 무엇보다도 주의해야 하는 것은 불행을 상상하면서 걱정하는 일이다. 바로 눈앞에 불행이 닥치기 전에는 미리 걱정하지 않는 것, 그것이 지혜로운 사람의 행동이다.

삶은 끊임없는 갈등과 다툼의 연속이다
- 우리는 태어나면서부터 자기 자신과 싸운다

❖ 모든 고통과 불행에 가장 효과적으로 대처하는 방법은 자신보다 더 비참한 사람들을 바라보는 일이다. 이는 누구나 실천할 수 있는 방법이다.

그런데 만일 우리 모두가 이 방법을 실천한다면 어떤 결과가 나타날까?

인간은 목장에서 한가롭게 풀을 뜯고 있는 양과 같은 입장에 있다. 우리는 아무것도 모르는 순한 양이기 때문에 어느 양을 잡아먹을까 하고 노리고 있는 도살자가 바로 우리 주위에 있다는 사실을 깨닫지 못한다. 즉 지금의 행복에 취한 우리는 앞으로 어떤 재앙이 닥쳐올지 전혀 모르고 있는 것이다.

비록 지금 행복하다고 해도 언제 우리에게 다가올지도 모르는 재난과 질병, 박해, 빈곤, 죽음 등을 인식하고 있어야 한다.

✤ 불확실한 인생에서 죽음보다 확실한 사실이 없듯, 우리 모두에게 죽음이 찾아온다는 사실보다 명확한 전제는 없다.
죽음 앞에 놓인 인간의 운명은 ─ 오늘이 가고 내일이 올 것이라는 당연한 사실보다, 해가 지면 어둠이 찾아온다는 눈으로 목격한 사실보다, 겨울이 가면 따뜻한 봄날이 시작되리라는 부푼 기대보다 ─ 더욱 명확한 진실이다.

✤ 본질적이고 불가피한 고통의 원천 중 하나는 전쟁이다. 현실에서 전쟁의 형태는 아주 참혹하고 다양한 모습으로 나타나는데, 그것은 삶에 대한 의지가 우리 안에 본능적으로 깃들어 있기 때문이다.
이러한 본성이 우리 안에 내재하고 있으므로 우리는 도덕적으로나 사회적으로 고통에 저항할 수 있는 여러 방법을 강구한다. 하지만 고통은 좀처럼 사라지지 않는다.

✤ 인류의 역사는 전쟁과 반란의 연속이었다. 평화로운 세월은 우연히 찾아온 짧은 휴식처럼 순간적으로 지나갔다.
마찬가지로 개인의 생활도 끊임없는 갈등과 다툼의 연속이다. 그 다툼은 권태와의 싸움일 뿐만 아니라 타인과의 싸움도 의미한다.

우리는 도처에서 적을 발견하고 처참하게 싸우다가 무기를 손에 쥐고 죽어간다. 인생을 싸움터라고 생각해야 하는 것은 슬픈 일이다. 그러나 그것이 인생의 진실이며, 여기에 인생의 비극이 있다.

우리는 태어나면서부터 자기 자신과 싸운다. 나이를 먹어서는 다른 사람들과 화합하기 위해 그들과 경계선을 긋는 갈등을 한다.

❖ 인생에서 가장 큰 고난은 우리가 얻기 위해 노력하지 않았다는 데 있다.

무엇인가를 얻기 위해 장애물을 뛰어넘거나 치우려고 하지 않았다는 데 있다.

그것이야말로 우리의 앞날을 가로막는 고난의 정체였다.

상대의 객관적인 모습을 솔직하게 인정해라
― 우리는 서로 영향을 주고받는 사이다

✤ 우리의 삶은 매우 광범위한 영역에서 이루어지고 있다.
우리가 살아가는 일상의 범위는 수많은 사람의 삶과 밀접하게 연관되어 있으며, 모든 행동 속에는 사회적인 의미가 깃들어 있다.
메모를 하려고 연필을 깎거나 향기로운 차를 끓이려고 찻물을 준비하는 사소한 일에도 사회적인 의미가 숨어 있음을 간과하지 마라.

✤ 우리는 사회 속에서 타인으로 인해 자신의 인생을 변화시키기도 하지만 타인에게 영향을 미칠 수도 있다. 자신과 사회는 서로 영향을 주고받는 사이라는 사실을 잊어버리지 마라.

✤ 사교적인 모임에서 뛰어난 면모를 보이는 사람이 있다면, 그는 대다수 사람으로부터 질투와 반감을 사게 된다.

사교적인 모임에서 만족을 얻는 것은 평범한 사람들이다. 뛰어난 사람이 그들과 어울리려면 자기 자신을 그들과 동등한 위치로 끌어내리고, 애써 자기의 4분의 3까지는 죽여버려야 한다.

✤ 나를 다른 사람의 처지에 놓아 보면 남에게 느끼는 질투나 증오는 모두 없어질 것이다. 또 다른 사람을 나의 입장에서 생각하면 거만함이나 허영심이 많이 줄어들 것이다.

✤ 세상을 살아가는 동안 우리는 때때로 많은 어려움과 마주친다. 그 어려운 순간을 혼자 견디기 힘들 때 우리는 다른 사람에게 자신의 어려움을 호소하고 도움을 청한다. 누군가가 자신의 어려운 사정을 알아주기를 원하기 때문이다.

그러나 듣는 사람은 대부분 어려움을 호소하는 사람의 사정은 돌보지 않고 자신의 감정에만 이끌려 마구 떠들어대기 일쑤다.

✤ 타인을 신뢰하지 못한다는 것은 자기 자신이 정직하지 못하다는 사실을 증명하는 것과 다름없다.

그대가 지금 하고 있는 행동은 나중에 수확하게 될 씨앗과 같아, 지금 하는 행동은 곧 대가를 받을 것이다.

우리는 타인의 자아와 지속적인 관계를 맺으면서 서로를 알아간다. 그럼으로써 나는 그대를 그리고 그대는 내 생각을 이해할 수 있게 되는 것이고, 그런 관계 속에서 우리는 자신의 진정한 모습을 보게 될 것이다.

✤ 사사로운 일은 될 수 있으면 말하지 않는 것이 좋다. 아무리 가까운 친구라고 하더라도 그들이 객관적으로 인정할 수 있는 모습만을 보여주고, 철저히 남이 되는 것이 중요하다.
친구에게 사사로운 비밀을 시시콜콜 알려주게 되면 뜻하지 않은 장소에서 피해를 볼 여지가 많다.

✤ 우리가 타인에게 베풀거나 나눌 수 있는 것들은 지극히 한정되어 있고, 결국 우리는 혼자서 살아갈 수밖에 없다.
어떤 상황에 놓이더라도 궁극적으로 우리는 자기 자신에게 돌아갈 수밖에 없다는 사실을 명심해라.
그런데도 우리는 다른 사람에게 의지하고 그들에게 무엇인가를 요구하게 된다. 동시에 우리가 원하는 모습으로 상대방을 바라보게 된다.
뒤를 돌아보라. 그대가 그대의 기준으로 그 사람을 만들고 있지는 않은지…….
타인을 그 사람이 가진 모습 그대로 바라보는 것은 매우 중요하다.

그런 만큼 그 사람의 객관적인 모습을 솔직하게 인정해라.

❖ 외출이나 운동을 하지 않고 오직 집에서만 지내다 보면 육체적인 저항력이 낮아지면서 잔병이 쉽게 찾아온다.

마찬가지로 지나친 고독은 정신을 예민하게 만든다. 그리하여 일상적인 생활에 익숙한 사람들은 아무렇지 않게 여길 사소한 언행이나 행동에도 불쾌감을 느끼거나 모욕으로 받아들일 소지가 커진다. 이런 기분을 느끼게 되면 고독한 생활에 익숙한 사람은 사회생활에 적응하기가 더욱 어려워진다.

사회적인 동물인 인간은 혼자 살아갈 수 없는 유기체이다. 그렇기에 자신만의 고독과 타인과의 만남을 동시에 만족시킨다는 것이 쉽지 않다.

그러나 인간에게는 이성이라는 판단의 기둥이 있음을 잊지 마라.

고독을 느끼는 것도 중요하지만 사회생활의 긴장과 균형을 잃지 않는 것 역시 중요하다. 중용은 아무리 강조해도 지나친 말이 아니다.

❖ 세상을 지혜롭게 살아가기를 원한다면 조심성과 관대함을 지니도록 해라. 손해나 손실로부터 몸을 지키는 일에는 조심성이, 싸움이나 분쟁에 말려들지 않으려면 관대함이 필요하기 때문이다.

우리는 어떤 경우에도 사회 속에서 살아갈 수밖에 없다. 그렇기 때문에 최악의 상황이 벌어진다고 하더라도 다른 사람의 개성을 있는 그대로 받아들일 수 있는 도량이 필요하다.

우리가 아무리 노력해도 그 사람의 도덕적 성품이나 생각, 기질 등은 결코 변하지 않는다. 그 사람을 있는 그대로 인정해라.

우리가 어떤 사람의 개성을 비난하는 것은 상대방이 누릴 수 있는 생존의 기회를 인정하지 않는 것과 다름없다.

❖ 과거와 화해할 수 없다면 정신적 안정과 성장은 기대할 수 없다.

과거의 상처나 갈등이 우리를 괴롭힌다면, 그것을 받아들이고 용서해라. 그리하여 그것이 스스로 사라지도록 해라.

누군가의 희생을 요구하는 욕망은 끊어내라
−양심의 길은 곧게 뻗어 있고, 욕망의 길은 복잡하게 얽혀 있다

✤ 인간이 욕망을 갖는다는 것 자체가 번거로운 일이지만, 살아간다는 것은 욕망을 갖게 된다는 것을 뜻한다.

✤ 우리는 가끔 불순한 양심과 진정한 양심이 엇갈리는 모습을 본다.
우리가 어떤 행위로 인해 고민하거나 후회하는 것은 단지 그 결과가 두려워서인 경우가 대부분이다.
욕망은 항상 앞으로 나가려고 하는데, 양심은 뒤로 물러나라고 한다.
양심의 길은 곧게 뻗어 있지만, 욕망의 길은 복잡하게 뒤얽혀 있다.

욕망과 양심 중에서 어느 쪽을 따라갈 것인가?

✣ 일반적으로 자신에게 부합되지 않는 일, 부주의로 인해 일어난 일, 자신의 의도나 계획에 반대되는 일, 관습에서 벗어난 일, 경솔한 일, 졸렬한 일, 우매한 일을 하게 되면 시간이 좀 지난 뒤 마음을 찌르는 가시가 조용히 나타난다.

만일 사람들이 끔찍하게 생각하는 양심이 어떤 요소로 이루어졌는지를 안다면, 대부분의 사람은 깜짝 놀랄 것이다.

사람이 지닌 양심의 5분의 1은 타인에 대한 두려움, 5분의 1은 종교적 두려움, 5분의 1은 선입견에서 비롯된 두려움, 5분의 1은 허영에서 비롯된 두려움, 나머지 5분의 1은 관습상의 두려움으로 이루어져 있다.

✣ 우리는 욕망을 절제할 수 있어야 한다. 그리고 '이건 틀린 거야.'라고 스스로에게 확실히 다짐할 수 있어야 한다. 그 욕망이 다른 사람의 희생을 요구하는 것이라면 말이다.

욕망을 다스리는 비밀의 열쇠는 우리 마음속에 있다.

✣ 사람은 자기가 소유하고 싶은 것을 다른 사람으로부터 빼앗으려고 한다. 심지어 자기의 행복을 위해 다른 사람의 행복과 재산을 모조리 파괴하는 사람도 있다.

이러한 이기주의자는 실질적으로 아무런 이득을 얻지 못하면서도, 끊임없이 다른 사람을 괴롭히고 피해를 입히려고 한다.

✣ 어떤 사람이 죄악을 저지르려고 했다면 그는 순수한 의미에서 이미 덕을 어긴 것이다. 설사 죄악을 범하지 않았다고 해도 사정은 달라지지 않는다. 결과보다 동기가 우선이기 때문이다.
만약 그가 죄악을 행동으로 옮기지 않았다면 그것은 종교적 양심 때문이다.

✣ 우리는 언제나 정직하게 행동해야 한다. 그러나 그것은 그렇게 쉬운 일이 아니다. 도처에서 위선과 거짓이 우리의 앞을 가로막고 있기 때문이다.
위선과 거짓의 장벽을 넘어서는 일은 쉽지 않지만, 그것을 넘어섰을 때 비로소 우리는 믿음과 사랑을 만날 수 있다.

✣ 돈을 유용하게 사용할 수 있는 방법 가운데 가장 유익한 것은 사기를 당하는 일이다. 그 대가로 현명함을 얻을 수 있기 때문이다.

✣ 욕망에 대한 절제를 황금보다 소중하게 여기는 사람은 결코 가난이나 빈곤 때문에 추한 눈물을 흘리지 않는다.

❖ 물욕을 만족시키는 과정을 통해 행복을 성취하려는 행동을 삼가라.

공허한 욕망으로 만들어진 집은 손쉽게 붕괴하기 마련이고, 행복의 집은 자기 마음대로 지어지는 것이 아니다.

뜻하지 않은 불행을 피하는 가장 확실한 방법은 자신의 능력과 지혜로 욕망을 억제하는 것이다.

❖ 어리석은 사람은 쾌락을 찾아 나섰다가 번번이 실패하고 돌아온다. 그러나 현명한 사람은 쾌락을 구하는 대신에 실재적인 재앙을 피하는 길을 모색한다. 그렇기 때문에 좀처럼 절망에 빠지지 않는다.

고통을 피하기 위해 쾌락을 포기하는 경우가 있다고 해도 그것은 어리석은 행동이 아니다. 쾌락은 환상의 산물에 불과하기 때문이다.

환상의 산물은 살아서 움직이고 있는 우리에겐 아무런 의미도 주지 못하고 가치도 없다. 환상은 지치고 힘겨운 사람들에게는 일시적인 위안을 주지만, 환상이 깨어진 후에는 고통보다 더한 공허가 찾아오기 마련이다.

❖ 쾌락은 다양한 형태로 사람을 유혹한다. 육체적 욕망의 만족, 재물을 과다하게 소비하거나 과시하는 자기 충족, 자신을 내던짐으

로써 얻을 수 있는 순간적 자유 등…….

하지만 이러한 형태의 쾌락은 일시적으로 우리 눈을 자극하거나 동물적인 욕구를 충족한 것에 지나지 않으며, 이내 사라지고 마는 신기루에 불과하다.

타인의 행동을 내 행동의 거울로 삼지 마라
― 인간은 근본적으로 자기 자신 이외에는 별로 관심이 없다

❖ 자원과 인력이 풍부해서 수입이 필요하지 않은 나라가 안정적이고 부유한 것처럼, 내면세계가 부유해서 외부적인 자극을 필요로 하지 않는 사람은 행복하다. 대부분의 수입품은 값이 비싼 데다 물건의 품질을 확신할 수 없으므로 항상 불안하지 않은가.

우리는 타인에게 많은 것을 기대해서는 안 된다. 외부의 도움을 받게 되면 자신이 가지고 있는 내부의 것을 포기할 수밖에 없기 때문이다.

❖ 타인의 행동을 내 행동의 거울로 삼을 수는 없다. 내가 하는 모든 행동은 나의 것이다. 나는 다른 사람과 똑같은 환경이나 상

황에 놓여 있지 않으며, 사회적인 관계 역시 그와 같은 것이 아니기 때문이다.

　타인과 나는 성격이 다를 뿐 아니라 행위의 동기도 다르다. 만약 두 사람이 같은 일을 하게 된다고 하더라도 그 결과는 같은 것이 아니다.

　자기만의 독특한 고유함을 가지는 일은 매우 중요하다. 만약 그 고유함을 잃게 된다면 행위와 자아는 분리된다. 그러므로 깊은 사고와 냉철한 판단력을 바탕으로 본성이 이끄는 대로 행동하는 것이 인생을 살아가는 가장 현명한 방법이다.

　✣ 자존심이 자신의 우월한 가치를 확신하는 거라면, 허영심은 타인에게 자신의 그런 확신을 알리기 위해 노력하는 것이다.

　자존심은 자신의 내면에서 발생하는 것이기 때문에 자기 자신을 직접적으로 높이 평가하지만, 허영심은 그런 존중을 외부에서 간접적으로 얻으려고 하는 노력이다.

　✣ 허영심은 사람을 수다스럽게 만들고, 자존심은 사람을 과묵하게 만든다.

　허영심에 들뜬 사람은 자신을 알리기 위한 가장 좋은 방법이 말을 하는 것보다 침묵을 지키는 것이라는 사실을 모른다.

　허영심에 사로잡힌 사람은 자신에 대한 존중을 외부로부터 얻으려고 하므로 다른 사람의 시선을 의식한다. 그리고 그 시선을 자기에게 돌리기 위해 끊임없이 떠들어댄다.

말이란 많이 하면 할수록 허점을 드러내기 마련이다. 허영심에 사로잡힌 사람은 말의 함정에 빠져서 결국 자신의 바닥을 드러내고 만다.

✤ 누군가에게 선한 일을 했다고 하더라도 칭찬받고 싶은 유혹에 빠져서는 안 된다.

허영심은 일시적이지만, 공적은 일부러 드러내지 않아도 오랫동안 기억에 남기 때문이다.

✤ 인간은 근본적으로 자기 자신 이외에는 별로 관심이 없다. 그뿐 아니라 객관적으로 판단할 일이 생기면 그런 일을 처리할 수 있는 능력이 없으므로 아무런 관심도 없다는 듯이 행동한다.

인간은 자신과 조금이라도 관련 있는 일에는 모든 주의를 기울이지만, 자신의 이익에 도움이 되지 않는 일은 철저히 무시해 버린다. 정신이 산만해지고 작은 일에도 쉽게 상처를 입기 때문이다.

✤ 인간의 이기심은 정말 두렵다. 그래서 예절과 양보로 그것을 숨기려고 하지만, 이기심은 언제나 껍데기를 뚫고 나와 자신에게 유용한 쪽으로 상황을 유도하려는 본능을 드러낸다.

상대방이 자신에게 이득이 되지 않는 사람이라면, 나에게 그는 무가치한 존재이므로 나는 그를 무시하게 된다.

✤ 정말이지 인간의 이기심은 끝이 없다. 인간은 자신의 존재를 유지하면서 모든 고통과 궁핍에서 벗어나려고 하는 절대적 욕구를 지니고 있으며, 모든 쾌락을 다 누리려고 한다.

따라서 이기심과 탐내는 대상 사이에 장애물이 나타나면 불쾌감과 증오, 분노로써 그 장애물을 망가뜨리려고 한다.

그뿐 아니라 인간은 되도록 모든 것을 즐기고 소유하려고 하며, 만일 그것이 불가능하다면 적어도 그것을 지배하려고 갖은 수작을 다 부린다.

"나에게 모두 달라! 다른 사람은 아무것도 가지지 않아도 된다."
가 한 사람 한 사람의 구호인 것이다.

✤ 인간이 가진 이기심의 크기는 도무지 가늠할 수 없을 정도로 어마어마하다.

지나가는 사람에게 지구의 멸망과 자기 자신의 멸망 가운데 어느 쪽을 선택하겠느냐고 물어보라. 어떤 대답이 돌아올지 뻔하다.

인간은 저마다 자기 자신을 세계의 중심에 놓고, 모든 것을 자신과 결부시키려고 한다. 사소한 일은 물론이고, 심지어 국가의 존립과 같은 큰일에서도 인간은 자신의 이해타산을 앞세운다.

자신만이 참된 존재이고, 다른 사람은 한낱 그림이거나 어리석은 존재라고 여기는 것이다. 얼마나 가소로운 일인가!

✣ 이기주의는 지능과 이성의 도움으로 이루어진 걸작이다.
하지만 국가는 개인의 힘보다 훨씬 강력한 권력에 각 개인의 권리를 위임하고, 개인으로 하여금 타인의 권리를 존중하게 만든다.
따라서 개인의 무한한 이기심과 사심, 음흉함이 사슬에 매여 좀처럼 표면화하지 못하기 때문에 이 세상은 허위에 불과한 평화를 유지하고 있는 것이다.

✣ 자신이 불완전한 존재라는 사실을 받아들일 수 있을 때, 비로소 완전한 인간이 된다.
자신감은 저절로 주어지는 것이 아니다. 그것은 스스로를 개발할 때 가능하며 가끔씩 뼈를 깎는 아픔이 따른다.
그렇기에 현명한 사람은 덧없는 것을 버리고 영광을 선택한다.

✣ 자신감을 잃어버리지 마라. 자신을 존중할 줄 아는 사람만이 다른 사람을 존중할 수 있다.
어떤 사람이 당신에게 믿음을 가지고 있다면, 당신은 그 사람으로 인해 자신감을 맛볼 수 있을 것이다.

❖ 자신을 낮추면서 겸손하게 살아간다면 우리에게 사랑과 존경이 찾아오는 것은 시간문제다.

하지만 자신의 존재를 낮추면서 살아간다는 것은 세상을 객관적인 시선으로 바라볼 때라야 가능하므로 결코 쉬운 일이 아니다.

❖ 우리는 인간이 지닌 어리석음과 사악함에 너그러워야 한다. 우리 눈에 들어오는 것은 모두 우리 자신의 어리석음이자 사악함이기 때문이다. 즉 눈에 보이는 다른 사람의 결함을 우리 자신도 내부에 지니고 있고, 분노를 금할 수 없는 다른 사람의 사악함도 우리 자신의 내부에 깃들어 있기 때문이다.

단지 우리는 그것을 겉으로 표현하지 않을 뿐이며, 이러한 사악함은 어떤 원인이 제공되면 표면에 드러날 수밖에 없는 것이다.

어떤 사람에게는 이러한 사악함이, 다른 사람에게는 저러한 사악함이 더 강하게 드러나는 현상은 인정할 수 있지만, 전체적으로 좀 더 많이 사악한 사람이 있다는 사실은 부정할 수 없다.

남들이 떠들어대는 헛소리에 상처받지 마라
― 외적인 요소가 인간의 참모습은 아니다

❖ 명예와 체면 ― 그것은 기이하고 미개하며 우습기 짝이 없는, 인생에서 가장 쓸모없는 규범이다.

그것들은 인간의 본성과도 거리가 멀고, 본질과는 더더욱 가깝지 않으며, 정상적인 인간관계에서는 절대로 파생될 수 없는 편견의 악습이다.

나의 말과 행동을 두고 남들이 멋대로 떠들어댄 이야기 때문에 사회적 평가가 확립될 수 있다는 것, 여기서 한발 더 나아가 나라는 실체적 가치보다 타인이 내리는 평가가 진실에 더 가깝기까지 하다는 현대 사회의 체면 중시 발상을 어떻게 이해해야 할지 모르겠다.

내가 실수하고 미친 짓을 해서 명예가 땅에 떨어졌다면 이해가 된다. 하지만 남들이 이러쿵저러쿵 나에 대해 떠들어대는 헛소리 때문에 한 인간의 삶이 무참히 파괴될 수 있다는 공포는 도저히 납득할 수가 없다.

❖ 명예는 누구나 그 가치를 인정하고 존중한다.

명예는 객관적으로는 나의 가치에 대한 다른 사람의 의견이고, 주관적으로는 그 의견에 대한 나의 존중이다.

우리는 자신이 사회의 유용한 일원으로 당당한 인격을 갖추고 공동생활에 참여할 수 있음을 인정받기 위해 노력한다.

우리는 사회가 요구하는 일을 훌륭하게 처리하는 과정을 통해 한 구성원으로 인정받는다. 또한 그런 과정에서 타인의 인정을 받는 것이 중요하다는 사실을 알게 된다.

명예는 그렇게 싹트는 것이다.

❖ 인간의 명예욕은 제3자를 기준으로 하고 있다. 물론 다른 사람의 기준을 존중하여 자신의 언행을 조심함으로써 좋은 결과를 가져오기도 하지만, 실제로는 자신의 안정된 행복에 좋지 않은 영향을 미치는 경우가 적지 않다.

따라서 타인 중심의 공명심이 가지는 일정한 한계를 인정한 다음, 올바르고 가치 있는 모든 것에 대해 적절한 사고와 정확한 판단을 내림으로써 다른 사람의 견해에 대한 지나친 자신의 관심을 완화할 필요가 있다.

이것은 다른 사람의 호감이나 비난을 사게 되었을 경우도 마찬가지다. 어느 경우든 모두 자신이 태도를 결정하기 때문이다. 만일 그렇게 되지 않는다면, 우리는 다른 사람의 사고나 견해의 노예가 되고 말 것이다.

❖ 제3자의 관념은 우리와는 직접적인 관련이 없는 간접적인 것이다. 그것이 의미를 갖는 경우는, 우리의 말과 행동을 규정함으로써 결과적으로 태도에까지 영향을 미쳐 참된 자아에 변화를 일으킬 때뿐이다. 그렇지 못할 때는 제3자가 우리를 어떻게 생각하든 전혀 상관할 바가 아니다.

만일 제3자의 머릿속이 편견과 오해로 가득 차 있고, 사상이 천박하며, 소견이 좁을 뿐 아니라 사고가 빈약하고, 견해가 잘못되어 있으며, 자신과 이해관계가 없거나 눈앞에 보이지 않으면 욕설을 퍼붓거나 훌륭한 사람을 제멋대로 악평하는 사람이라면, 우리는 그 사람의 견해를 더 이상 믿을 수 없게 될 것이다.

따라서 제3자의 지적 수준이 어느 정도이고 어떻게 작용하는지를 간파해 볼 필요가 있다.

❖ '명예는 목숨보다 더 소중하다.'고 떠드는 것은 자신의 존재나

행복은 있으나 마나이며, 자신에 대한 제3자의 견해만이 소중하다는 것을 의미한다. 이 말은 고작해야 세상 사람들에게 자신의 존재를 드러내기 위해 명예, 즉 자신에 대한 다른 사람들의 좋은 평가가 필수조건이라는 점을 내포한다.

하지만 인생을 잘 관찰해 보면 인간이 한평생 수많은 위험과 노고를 무릅쓰고 끊임없이 노력하며 갈망하는 최종 목적의 대부분은 자신에 대한 제3자의 호의를 더 많이 얻으려는 데 있다.

이는 예술 및 학문에 종사하는 사람들도 예외는 아니다. 그들이 늘 갈망하는 최종 목표는 좀 더 많은 사람에게서 존경받는 것이다. 이것이야말로 인간의 어리석음이 얼마나 뿌리 깊게 가슴에 박혀 있는지를 입증하는 예가 아니겠는가.

✤ 오늘날 많은 사람이 자신보다 타인에게 더 많이 의존하는 경향이 있어, 자신의 의식 속에 실재하는 것보다 타인의 의식 속에 깃들어 있는 것을 더욱 소중히 여긴다. 그래서 자연스럽고 올바른 이치에서 벗어나, 제3자의 견해에는 참된 가치를 부여하지만 소중한 자기 자신에게는 가치를 전혀 부여하지 않은 채 2차적인 것을 1차적인 것으로 오인한다.

그럼으로써 다른 사람의 머릿속에 맴도는 환상이 자신의 실체보다 더 많은 권위를 가진다고 생각할 뿐 아니라, 간접적인 가치와 직접적인 가치도 혼동한다.

이것이야말로 바로 허영심이 저지르는 어리석은 행동이며, 구두쇠의 탐욕처럼 수단을 위해 목적을 저버리는 가장 못난 짓이다.

✤ 인생을 살아가는 동안 우리는 교수, 의사, 변호사, 정치가, 군인, 사업가, 성직자, 철학자, 탐험가, 예술가 등의 직업을 가진 사람들을 무수히 만난다. 그러나 그들의 이런 외적인 요소가 그들의 참모습은 아니다.

직업은 가면에 불과하다. 그리고 그 가면 뒤에는 현실에 대한 욕망과 참모습이 깃들어 있다.

사람들이 가면을 쓰고 살아간다는 사실을 깨닫는 것은 무척 중요하다. 그 사실을 깨닫지 못하면 우리는 혼란의 소용돌이에 빠져서 허우적거릴 것이다.

✤ 그대에게 거짓말을 하는 사람이 있으면, 그 말을 정말로 믿는 듯한 태도를 보여라. 그 사람은 열에 들떠서 마구 떠벌리다가 결국 허위의 껍질을 저절로 벗어버리게 될 것이다. 그 사람이 실수로 자신의 비밀 한 자락을 말한다면, 그것이 실마리가 되어 모든 비밀을 털어놓게 될 것이다.

✤ 사교적인 모임에는 자신의 빈약한 실체를 감추려고 일부러 화려한 모습으로 나타나는 사람들이 많다. 이들은 허위적이며 독단적이

고 인습적인 우월감으로 가득 차 있다. 그들은 선량한 풍모와 고상한 행동, 점잖은 말씨로 자신의 진짜 모습을 감추려 한다.

그러나 이런 허위적 우월은 진정한 우월을 만나게 되면 금세 그 정체를 드러내고 만다.

✤ 많은 사람이 자신의 지위를 대단히 중요한 것으로 생각한다. 지위라는 것이 사회적인 조직을 운영할 때는 매우 효율적이기 때문이다.

그러나 인습적인 가치인 지위는 가식적인 면이 많다. 따라서 어떤 위치에 있는 사람을 존경할 수는 있지만, 그것이 꼭 진정한 존경이라고 볼 수는 없다. 마음에서 우러나오는 존경은 지위에 의해 결정되는 것이 아니기 때문이다.

지위에 의존해서 자신의 자존심을 세우려고 한다면 그것은 한편의 코미디에 불과하다.

✤ 어느 의미에서 명예는 소극적이고, 명성은 적극적이다. 또한 명예는 일반적인 것을 나타내지만, 명성은 특수한 것을 표시한다.

명예는 보유하려고 애쓴 끝에 손에 넣게 되는 것이지만, 명성은 뛰어난 일인자로서 손에 넣는 것이다.

그리고 명예는 수동적인 것이 아니라 어디까지나 능동적인 것이어서 자기 자신의 모든 행동에서 기인한다. 또한 다른 사람의 행동이나 외부 사정에 의해 좌우되어 얻을 수 있는 것이 아닌 일종의 내부적인 특성이다. 이것이 참된 명예가 사이비 명예와 다른 점이다.

그리고 명예에 대한 외부에서의 유일한 침해는 중상모략이며, 이에 대한 방책은 공공연히 상대방의 거짓을 드러내어 철저히 반박하는 것이다.

모든 사람에게 동일한 예의범절을 강요하지 마라
- 예절은 위조지폐와 비슷하다

❖ 예절은 우리 모두에게 이득을 준다. 예절을 지키는 것은 지혜로운 일이며 예절을 무시하는 것은 어리석은 일이다. 세상은 혼자서는 살아갈 수 없기 때문이다.

만약 그대가 아무런 이유도 없이 마음대로 행동하면서 자신의 적을 만든다면 기름을 들고 불 속으로 뛰어드는 사람과 같다.

하지만 예절은 위조지폐와 비슷하다. 위조지폐를 아낀다는 것은 미련한 행동일 수밖에 없다. 위조지폐를 아끼는 것처럼 예절을 절제하는 것은 한심한 일이다.

❖ 사회는 모든 사람에게 동일한 예의범절을 강요한다. 그런데

사회의 관습은 천성이 어리석은 사람들에게는 편리하지만 뛰어난 지성을 타고난 소수의 사람에게는 불편한 면이 적지 않다.

정신적으로 탁월한 사람들이 사회를 외면하는 경향이 있는 것은, 그들의 능력이 다른 사람들과 커다란 차이가 있음에도 불구하고 사회가 그들에게 동등한 권리와 의무를 강요하기 때문이다.

❖ 청년기에 우리는 사람을 사귀는 것에 대한 강렬한 충동을 느낀다. 이 시기에는 동등한 사람들과의 접촉과 갈등을 통해 보다 많은 경험을 할 수 있다. 타인을 통해 도움을 주거나 위로를 받기도 하고, 다툼을 통해 고통을 경험하기도 한다. 그러나 이러한 사귐이 지혜로 들어가는 길을 막아서는 안 된다.

사람 간의 만남은 우리에게 공허를 주지만 한편으로는 타인과 더불어 살아가는 방법을 제시한다. 그러나 그것이 반드시 올바른 지혜일 수는 없다. 다른 모든 사람이 올바르다고 하는 진리도 진리가 아닐 때가 있음을 기억한다면 말이다.

사교와 지혜 사이의 좁은 길을 걸을 수 있는 용기가 우리에게는 필요하다.

❖ 자신의 견해와 대립하는 의견에 관용을 베풀고 인내심을 키우는 가장 확실한 방법은 동일한 주제에 대한 상반된 의견을 스스로 내놓은 뒤, 때에 따라 그 의견들을 몇 번이고 바꿔보는 것이다.

그럼으로써 여러 가지 다른 의견이 나올 수 있는 주제에 대한 반대 의견을 그간 자신이 얼마나 무시했고, 또는 무조건 받아들였는지를 기억하게 된다.

또 하나, 반론을 제기할 때 상대로 하여금 자신의 의견에 귀 기울이게 하는 가장 효과적인 방법은 "나도 전에는 같은 의견을 가지고 있었다. 하지만 지금은……."이라고 말하는 것이다.

✦ 욕구와 분노는 우리에게 작은 이익만을 가져올 뿐 오히려 온갖 재앙을 불러오는 감정이므로 인간관계에서 이를 억제하는 것이 무엇보다 중요하다.

절제하고 근신하는 것이 처세법의 요점이며, 이를 무시한다면 아무리 큰 재물이나 권력을 갖고 있어도 불안과 불만을 피할 수 없다.

로마 시인 호라츠(Horaz, B.C. 65~B.C. 8)도 이 점에 대해 다음과 같이 말했다.

'박식한 현자들의 가르침을 읽고 배워서
평생을 평온하게 보내노라.
탐욕에 흔들리지 말며, 쓸모없는 것들을 바라지 마라.
그리고 없다고 사심(私心)에 빠지지도 마라.'

관념과 실재 중 어느 쪽을 따를 것인가?
– 인간은 고통과 불안을 잊기 위해 신(神)을 만든다

❖ 밤이 오면 이 세계는 비록 시야에서 사라져가지만, 결코 존재하기를 멈추지 않는다. 이와 마찬가지로 인간이나 동물도 죽음에 의해 소멸된 것 같지만, 그 참된 본질은 아무런 방해도 받지 않은 채 존속한다.

여기에서 무한의 속도로 진동하는 죽음과 탄생의 교체를 생각하면, 마치 폭포에 걸리는 무지개처럼 사물의 본질에서 지속적인 이념인 의지의 객체화가 엄연히 존재한다는 사실을 이해할 수 있을 것이다.

이것이야말로 시간상의 불사(不死), 바로 그것이다.

❖ 죽음과 부패가 몇천 년 쌓인다 해도 사라지는 것은 하나도

없다. 물질의 원자는 물론이고 그 내적 본질도 전혀 사라지지 않는다.

따라서 우리는 매 순간 힘차게 '죽음이나 부패에도 불구하고 우리는 공존하고 있다.'고 외칠 수 있다. 또한 언젠가는 '나는 이제 그런 것조차 바라지 않는다.'라며 불사(不死)의 희롱을 향해 진심으로 소리치는 사람도 있을 것이다.

그러나 여기에 대해서는 아직 말할 단계가 아니다.

❖ 영생은 시간을 인식하는 우리의 관념과 현재 진행 중인 삶의 의식 중 어느 쪽이 더 현실적인가를 질문하고 있다.

'관념과 실재 중 어느 쪽에 인생의 관점을 둘 것이냐?'고.

영생 그 자체는 결과론이므로 현재의 우리 삶에 아무런 영향도 끼치지 못한다.

그보다는 자신의 쾌락이 누군가의 고통으로 인해 가능해졌으며, 나의 고통은 다른 누군가가 원하는 쾌락 때문이라는 것을 자각하는 것이 더 중요하다.

❖ 죽음 뒤의 일에 대해 어떤 형이상학적 위안도 받지 못한 사람도 물질이 영속된다는 사실을 생각한다면, 거기서 일종의 불멸관(不滅觀)을 얻어 위안을 받게 될 것이다.

물론 그들은 "뭐라고? 한낱 티끌에 불과한 물질이 영원히 존속한다고? 그렇다면 인간의 영생도 이 정도인 거야?"라고 물을 수도 있다.

하지만 잠깐! 그들은 티끌에 대해 얼마나 알고 있는가? 티끌이 무엇인가? 또한 그 티끌이 무엇을 할 수 있다고 보는가?

한낱 티끌이나 재에 불과한 물질은 물에 녹아서 결정체가 되기도 하고, 또는 금속이 되어 빛을 내기도 하며, 전광을 비추기도 하고, 또는 식물이나 동물이 되기도 한다. 결국 그 불가사의한 품 안에서 인간의 생명까지 탄생하는 것이다.

그런데 이러한 물질로 존속한다는 사실이 과연 아무런 의미도 지니지 않는 것일까?

❖ 우리는 불행한 존재로 이 세상에 태어났다. 그래서 마치 굶주린 짐승처럼 신의 도움과 위안을 필요로 하는 것이다.

❖ 사람들은 전혀 예상하지 못했던 위험이 다가오면 자기가 신봉하고 있는 영혼의 세계를 향해 기도나 제물을 바치면서 귀중한 시간과 소중한 정신을 소비한다. 그렇게 하는 것만이 유일한 방법이라고 생각하기에 다른 해결책은 찾으려고도 하지 않는다.

❖ 인간의 역사를 되돌아보면 고대의 인도인과 그리스인, 로마인, 이탈리아인들은 온화한 기후와 기름진 땅의 혜택을 받아서 편안하고

만족스러운 삶을 누릴 수 있었다. 그들은 신이나 악마의 형상을 만들어 섬기면서 언제나 거기에 제물을 바치고 기도를 드렸다. 그리고 사원을 훌륭하게 장식한 다음 간절한 소원을 빌었다.

이러한 행동들 속에는 환상과 현실이 서로 혼합되어 있다. 환상이 현실의 진정한 모습을 숨기고 있었기 때문에 그들에게는 인생의 모든 일이 신의 보살핌으로 보일 수 있었다. 그리고 그들은 언제나 신을 의지하고 있었기 때문에 보다 편안한 마음으로 살아갈 수 있었다.

✤ 각 시대마다 세워진 사당이나 교회, 사원 등은 오래전부터 인간의 영생에 대한 높은 관심을 보여주는 증거물로 간주되었다.

우리는 이 세상에서 일어나고 있는 고통과 불안을 잊기 위해 수백 가지의 미신을 만들고, 그것을 통해 스스로의 마음을 달래려 하거나 그 환상을 통해 고통 없는 영원한 삶을 꿈꾼다.

✤ 종교가 진리의 깨달음을 가로막고 인류의 발전을 저해하는 일이 있다고 하더라도 종교에 대한 비난은 삼가야 한다.

그러나 괴테나 셰익스피어처럼 위대한 정신의 소유자에게 어떤 종교의 교리를 문자 그대로 믿으라고 요구한다면, 그것은 마치 거인에게 작은 구두를 신으라고 강요하는 것과 다름없다. 모든 종교는 철학에 앞서려는 경향이 있기 때문이다.

철학자는 종교를 하나의 필요악이나 인간의 빈약하고 병적인 정신을 돕기 위한 지팡이로 인정하면서도 종교와 투쟁한다.

그런데 신을 옹호하는 권력자들은 신이라는 관념보다는 자신의 이익과 편의 때문에 종교를 강요하는 경우가 많다.

❖ 철학적 사색을 통해 세계를 해석하려고 노력하는 가장 큰 이유는 우리의 삶이 고통과 불행에 빠져 있을 뿐만 아니라 인간은 반드시 죽지 않을 수 없다는 진실을 인정하고 있기 때문이다.

만약 우리 삶이 무한하고 고통이 없는 것이라면, 그 누구도 무엇 때문에 이 세계가 존재하는가에 대한 의문을 갖지 않을 것이다. 그리고 인생의 모든 현상은 시간이 흐르면서 자연적으로 해명되었을 것이다. 우리가 철학적인 학설이나 종교에 관심을 두는 것도 이러한 이유 때문이다.

종교는 무엇보다도 먼저 신의 존재를 인정하면서 그 증명을 위해 노력하고 있다. 종교가 우리에게 궁극적으로 알리려고 하는 것은 인간의 불멸이다.

그러나 만약 인간의 영생이 확인된다면 신에 대한 뜨거운 신앙은 순식간에 냉각될 것이고, 영생이 불가능하다는 사실이 분명하게 밝혀진다면 아무도 종교를 거들떠보지 않을 것이다.

❖ 세상의 신비로움은 어디에서나 발견할 수 있다.

광대한 우주나 신체의 가장 작은 부분에서뿐만 아니라 서로 맺고 있는 모든 관계 속에서도 우리는 경이로움을 느낄 수 있다.

자연이 가르쳐주는 색다른 의미를 찾아라
- 죽음은 원래 태어난 곳으로 되돌아가는 유희(遊戱)다

❖ '생존'이라는 한 토막에 놓인 앞뒤의 시간은 얼마나 무궁무진할까?

가을에 곤충의 세계를 관찰해 보면 어떤 녀석은 긴 동면을 위해 잠자리를 마련하지만, 어떤 녀석은 그냥 한겨울을 지낸 다음 봄에 원래대로 살아가려고 껍데기를 만든다.

하지만 대다수의 곤충은 죽음의 팔에 안겨서 적당한 장소에 알을 낳는 것으로 만족하고, 이 알에서 다시 새로운 벌레로 재생(再生)하려고 한다.

이는 자연이 주는 일관된 가르침이다.

곤충이 애써 둥지나 굴을 만들고 봄에 태어날 유충을 위해 먹이를

장만한 뒤 안심하고 죽어가는 것은, 마치 인간이 다음 날을 위해 옷과 식량을 마련하고 편히 잠자리에 드는 것과 같은 행위이다.

늦가을에 죽는 곤충이 봄에 태어나는 유충과 동일한 존재가 아니라면, 결코 죽음 다음의 일을 이런 식으로 준비하지는 않을 것이다.

❖ 생사(生死)라는 말의 유희(遊戱), 이것보다 더 큰 승부가 어디 있을까?

우리는 모든 것이 삶과 죽음에 관련되어 있다고 보기 때문에 긴장과 불안에 휩싸인 채 이 하나하나의 승부를 예의 주시하곤 한다.

그런데 절대 거짓이 없고, 솔직하고, 개방적인 자연은 이에 대해 색다른 의미를 가르쳐준다. 자연은 개체의 삶과 죽음에는 전혀 관심이 없다고…….

그걸 어떻게 아느냐고? 증거를 대보겠다.

그대가 걸어가고 있는 길 위를 기어가고 있는 벌레를 보아라! 그대의 발이 한 발짝만 어긋나도 그 벌레는 생사를 달리하게 될 것이다. 그리고 나뭇가지에 붙어 있는 달팽이를 보아라! 달팽이는 도망갈 수도, 몸을 숨길 수도, 거처를 속일 수도 없는 몸으로 모든 적의 희생양이 되고 있다.

또한 맑은 개울물에서 손에 잡힐 듯 유유히 꼬리 치고 있는 물고기들을 보아라! 그뿐인가. 몸이 둔해서 도망칠 수 없는 두꺼비, 높은 하늘에서 솔개가 노리고 있는 줄도 모르는 어린 새, 숲속에서

늑대에게 발견된 산양 등……. 연약한 데다 무기조차 없는 희생양들은 수시로 닥쳐오는 위험을 마주하면서도 아무 일 없었다는 듯 살아가고 있지 않은가.

이렇듯 자연은 매우 정교한 피조물인 유기체를 저항할 힘이 없는 알몸으로 내버려 둔 채 더 강한 녀석의 밥이 되게 할 뿐 아니라, 길을 지나는 바보들이나 아이들에게 놀림의 대상이 되게 맡겨 둔다.

여기에는 그 개체의 죽음이 자연에게는 어떤 의미도 없고 아무런 영향도 미치지 않으며, 자연은 그 개체의 삶이라는 원인과 죽음이라는 결과에 전혀 신경 쓰지 않는다는 간명하고 신성한 언사가 담겨 있는 것이다.

이처럼 자연이라는 우주의 어머니는 자기 자식을 수많은 위험과 절벽 앞에 내버려 두는데, 이는 결국 그들이 죽더라도 자기의 품속으로 되돌아오게 되며, 그들의 죽음은 원래 태어난 곳으로 되돌아가는 유희(遊戱), 이를테면 하나의 자그마한 손장난에 지나지 않는다는 사실을 잘 알고 있기 때문이다.

이런 이야기는 우리 인간에게도 해당된다. 이는 자연의 엄격한 권위가 인간에게도 미치고 있으며, 인간의 생사는 자연에게 아무런 타격도 주지 않는다.

그러므로 우리도 죽음으로 인해 상심할 필요가 없다. 왜냐하면 우리도 실은 자연의 일부분이기 때문이다.

❖ 우리는 자연에서 태어났다. 그러므로 우리는 자연에 속해 있으며, 자연의 일부분이다.

모두 근원이 같으므로 그대에게 유익한 일이 다른 사람에게도 유익한 것은 당연한 일이다.

명심해라! 서로의 이익을 위해 다투기보다는 서로 나누고 베풀어야 한다는 사실을.

2장

어떻게 받아들여야 하는가?

자신의 외부에서 행복을 찾지 마라
― 마음의 움직임에 따라 행복과 불행은 서로 자리를 바꾼다

✽ 인간의 참된 행복이나 불행은 자기 자신의 감수성, 의욕, 사고(思考) 등의 종합적인 결과로서, 외부의 영향력은 매우 사소하고 간접적이다.

행복과 불행은 근본적으로 객관적인 사실보다 주관적인 느낌, 즉 자신의 됨됨이와 경험에서 비롯된다고 할 수 있다.

우리는 외부에서 일어나는 같은 사건을 각자 다르게 느끼며, 또한 동일한 환경에서도 다르게 살아가고 있지 않은가. 즉 자기 자신의 생각, 느낌, 의지의 작용만이 삶을 살아가는 데 있어서 결정적인 요건이며, 외부 세계의 사물은 간접적으로만 영향을 미칠 뿐이다.

다시 말해 '주관'의 작용에 따라 어떤 것이 빈약하고, 공허하고, 평범한 것으로 보일 수도 있고, 반대로 풍부하고, 다채롭고, 의미심장한 것으로 보일 수도 있다는 것이다.

부연하자면, 현실의 객관적인 면은 운명의 손에 달려 있으므로 변하기 쉽다. 그러나 주관적인 면은 바로 우리 자신이므로 대체로 변하지 않는다.

그렇기에 인간의 한평생은 외부의 영향으로 여러 가지 변화를 겪더라도 언제나 동일한 특징을 갖게 마련이다.

✻ 어느 누구도 다른 사람을 구원할 수 없다. 우리의 행복과 불행은 전적으로 마음에 달려 있다. 마음의 움직임에 따라 행복과 불행은 서로 자리를 바꾼다.

우리 인생은 수많은 조력과 고통의 연속이다. 그러므로 어떤 일에 성공했다고 해서 자만하거나, 실패했다고 해서 좌절할 필요가 없다.

성공과 실패는 행복과 불행처럼 번갈아 가면서 우리를 찾아오기 때문이다.

✻ 행복을 자신의 외부에서 발견하려고 하는 사람은 어리석다. 자신 이외의 것에서 행복을 얻으려고 한다면 오히려 불행만 초래할 뿐이다.

불행에 대해 두려움을 품고 있다면 당신은 이미 불행하다. 불행한 사람은 영원히 불행을 두려워하는 사람이다.

　행복과 불행은 자신의 마음을 어떻게 움직이는가에 달려 있다. 우리 생활은 동요와 불안 그리고 노력의 연속이기 때문이다.

　＊ 사회가 보여주는 환상에 속아 단지 사회에만 이로운 일을 자신의 행복으로 오인하는 사람은 사회가 품고 있는 의도를 똑바로 인식하지 못한 채 그것이 자신을 위해 존재하는 것이라고 착각한다. 그렇게 사회의 노예가 되어버리는 것이다.

　＊ 행복이란 고통이 없는 상태라고 할 수 있다. 마음의 동요가 적을수록 고통도 줄어든다.

　활동하는 영역을 좁히면 외부의 자극에 대한 마음의 동요를 줄일 수 있고, 정신적인 활동을 제한하면 불안에 대한 자극을 줄일 수 있다.

　그러나 정신적인 활동의 제한은 안정을 주는 대신 우리를 권태에 빠지게 한다.

쾌활한 성격이라는 보물을 얻기 위해 노력해라
- 기질과 성향이 행복과 불행을 가른다

＊ 플라톤은 인간이 지니고 있는 다양한 성격의 특징을 디스콜로스(Dyskolos, 염세적, 음의 기질)와 에우콜로스(Eukolos, 낙천적, 양의 기질)로 나누었다. 이것은 행복과 불행을 나누는 근본적인 요소라고 할 수 있다.

우리의 성격은 디스콜로스와 에우콜로스의 영향에 의해 형성된다. 불행한 일이 생겼을 때 어떤 사람은 절망의 나락으로 받아들이고, 또 어떤 사람은 극복의 기회로 서로 다르게 받아들이는 것은 두 영향에 의한 성격 차이 때문이다.

쾌활한 성격을 가진 사람은 에우콜로스의 영향을 많이 받았기 때문에 모든 일을 긍정적으로 받아들인다. 그러나 디스콜로스의 영향을 많이 받은 사람은 매사에 부정적인 측면을 드러내면서 삶을 불행하게 만든다.

＊ 행복과 불행을 받아들이는 성향에 따라 우리의 인생은 다양한 모습으로 변한다.

행복과 불행이 반반의 확률이라고 할 때 천성이 우울한 사람은 불행한 결말을 예상하고, 천성이 쾌활한 사람은 행복한 결말을 예상한다.

우울한 성격의 사람은 열 가지 계획 가운데 아홉 가지가 성공하면 성공한 아홉 가지는 거들떠보지도 않고, 실패한 한 가지 일에만 계속 집착하면서 고통스럽게 살아간다. 그러나 쾌활한 성격의 사람은 아홉 가지의 성공에 커다란 의미를 부여하면서 행복하게 살아간다.

＊ 인생을 행복한 것으로 만드는 몫은 전적으로 자기 자신에게 달려 있다.

참을 수 없는 것으로부터 인내하는 방법을, 수다스러움으로부터 침묵하는 방법을, 불친절함으로부터 친절함의 방법을 배워라.

＊ 운명은 우리의 노력과 선택에 의해 언제나 변할 수 있다. 그러나 우리의 인격은 변하지 않는다.

고귀한 성품이나 뛰어난 두뇌, 쾌활한 성격, 예민한 판단, 건강한 육체 등은 우리가 행복해지는 데 필요한 주요 요소들이다.

따라서 우리는 재물이나 명예보다는 건전한 정신과 육체의 건강에 더욱 큰 노력을 기울여야 할 것이다.

행복해질 수 있는 요소 가운데 가장 중요한 것은 쾌활한 성격이다. 쾌활한 성격을 가지고 있는 사람은 삶을 즐거운 것으로 받아들이고, 스스로를 행복하다고 느낀다.

* 쾌활한 성격은 행복을 배달하는 집배원 역할을 한다.

그 밖의 다른 모든 것은 행복의 약속어음에 지나지 않는다.

쾌활한 성격이라는 보물을 얻기 위해 노력해라.

쾌활한 성격은 마치 견고한 성과 같아서, 그 속으로 들어가기는 어렵지만 한 번 들어가면 오랫동안 머물 수 있다.

* 삶을 어떤 것으로 느끼는가 하는 문제는 그 사람의 기분에 따라 달라진다.

그 사람의 운명이 아무리 비극적이라고 해도, 긍정적인 성격을 가진 사람은 자신의 비극을 보다 나은 미래를 위한 하나의 과정으로 받아들인다. 그리고 그런 의지는 비극적인 운명을 풍부하고 아름다운 운명으로 바꾼다.

✽ 웃음이 많은 사람은 삶이 행복하고, 눈물이 많은 사람은 삶이 불행하다.

신이 인간에게 웃음과 울음을 선사한 이유는 무엇일까?

인간은 웃음과 울음을 통해 자신이 가진 감정을 나타낸다.

웃음은 기쁨을, 울음은 슬픔과 증오를 상징한다.

기쁨이 충만한 삶, 그 속에서 행복이 미소지을 수밖에 없지 않겠는가.

잘못된 기준으로 행복을 판단하지 마라
― 행복을 측정하는 유일한 척도는 평온한 마음이다

* 인간의 행복과 쾌락은 객관적인 것보다 주관적인 것이 훨씬 큰 비중을 차지한다. 이러한 사실은, 배가 고프면 반찬이 무엇이건 상관없이 밥을 맛있게 먹는다든지, 젊은이라면 누구나 호감을 느끼는 아름다운 아가씨가 노인에게는 아무렇지 않게 보인다든지, 천재 또는 성자(聖者)가 독특한 말과 행동을 보인다든지 하는 점에서 입증된다.

특히 건강은 행복의 으뜸으로, 건강한 거지는 병든 제왕보다 더 행복하다고 할 수 있다. 양호한 건강과 체질에서 비롯되는 명석하고 침착한 성격, 쾌활하고 민첩하고 정확한 지능, 건전한 의지 및 이에 따르는 선량한 양심은 어떠한 지위나 재물과도 바꿀 수 없는 것이다.

또한 정신적으로 풍족한 사람은 제아무리 고독한 곳에 간다고 해도 자신의 사상과 사색에 의해 충분히 내적 평안을 유지한다. 반면 정신적으로 빈약한 사람은 늘 많은 사람과 친교를 맺거나 공연을 보고 여행을 하는 등으로 많은 것을 즐겨도 권태가 늘 그림자처럼 따라다닌다.

＊ 가진 재물이 적어도 즐겁고 만족스러운 표정으로 살아가는 사람이 있는가 하면, 넘치게 많은 재물을 가지고 있는데도 언제나 우울하고 불만스러운 표정을 짓고 있는 사람이 있다. 그것은 재물이 행복의 척도가 아님을 보여주는 증거이다.

재물이 적은 사람이 재물이 많은 사람보다 오히려 더 여유로운 마음을 가지고 있는 경우도 많다. 마음의 여유는 행복을 가져다주지만, 재물은 마음의 안정보다는 그 재물이 사라져버리거나 빼앗기지 않을까 하는 불안을 가져오기 때문이다.

＊ 지위와 재산의 차이는 인간에게 각각 다른 역할을 맡게 하지만, 이 역할로 인해 행복의 차이가 심해진다거나 실제로 인간적인 차이가 생기는 것은 아니다.

인간을 백일하에 드러내놓고 보면 누구나 예외 없이 나름의 한계를 가지고 있다. 그리고 고뇌의 정도는 다르지만, 그 기본적인 실체는 거의 동일하다. 고뇌는 결코 지위나 재산의 차이에서 오는 것이 아니기 때문이다.

인간이 저지르는 모든 일은 당사자의 의식에 나타나는 사실적인 사건이므로, 의식 자체의 차이가 근본적인 요인이라고 할 수 있다. 의식에 작용하는 외부 세계의 형태보다 의식 자체가 결정적인 역할을 하는 것이다.

아무리 화려하고 즐거운 것이라도 어리석은 사람의 흐린 의식에 비치면 곧 빈약해지지만, 현명한 사람은 남루한 현실에서도 얼마든지 유쾌하고 명랑한 태도를 유지한다.

* 지적인 생활은 우리에게 행복을 선물한다. 지적인 생활을 누리거나 즐기려면 비범한 정신적 소양이 필요하다. 그러나 지나친 지적 활동은 도리어 불행을 초래하기 쉽다. 지나친 지적 활동은 일상생활의 혼돈과 소란을 감당하기 어렵게 만들기 때문이다.

지적인 풍요로움과 현실의 활동에 균형을 유지하는 것, 그것이 행복의 비결이지만 그 균형을 유지하는 것은 결코 쉬운 일이 아니다.

* 행복해지기를 원한다면 인내하면서 주위를 둘러볼 수 있는 마음의 평온이 필요하다. 마음이 평온하지 않다면 행복은 절대로 우리 마음속으로 들어올 수 없다.

모든 미래는 불확실하다. 그런데도 불행이 다가오기 전에 걱정부터 하는 것은 그야말로 어리석은 일이다.

자신이 느끼는 미래에 대한 불안과 걱정으로 현재의 일을 주저하거나 포기할 필요는 없다. 미래의 불행은 불확실한 것이지만 현재의 행복은 확실한 것이기 때문이다.

평온한 마음은 현재의 나를 행복하게 만든다. 미래의 불행 때문에 현재의 행복을 포기하는 것은 어리석은 일이다.

* 젊고 아름답고 부유한 사람이라고 해도 그 사람이 진정으로 행복한지 아닌지는 그 누구도 판단할 수 없다. 행복은 객관적인 것이 아니기 때문이다.

행복을 측정하는 유일한 척도는 평온한 마음이다. 언제나 평온한 마음을 유지할 수 있다면, 그 사람은 젊거나 늙거나 크거나 작거나 부자이거나 가난하거나 간에 항상 행복한 사람이다.

행복해질 수 있는 자격을 갖춰라
– 행복은 건강이라는 나무에서 피어나는 꽃이다

✽ 아름다운 풍경을 보면서 특별한 쾌감을 느끼는 것은 단조로움이 행복의 요건이라는 사실을 드러내는 증거이다.

행복은 단조로운 생활 속에서 우러난다. 단순하고 단조로운 생활은 삶의 무거운 짐을 덜어준다.

단순함을 실개천에 비유한다면, 이 실개천은 사나운 풍랑에도 변함없이 조용하게 흘러 바다에 이르는 힘을 가지고 있다.

✽ "나는 모든 소유물을 내 마음속에 이미 가지고 있다."

이렇게 말할 수 있다면 그는 행복을 얻기 위한 자격을 갖춘 사람이다.

행복은 만족할 줄 아는 사람에게 주어진다.

이 세상에서 확신을 가지고 의지할 수 있는 것은 오직 자기 자신뿐이다. 다른 사람과의 교제는 혐오와 손실의 위험을 초래하는 경우가 많기 때문이다.

자신에게 만족하면서 확신을 가지는 자는 이미 행복하다.

＊ 고독은 그대의 존재를 더욱 빛나게 만든다. 정신적인 고독과 육체적인 고독을 동반할 수 있는 일만큼 세상에서 행복한 일도 없다.

정신적으로는 고독하지만 육체적으로 고독할 수 없는 사람은 다른 세상에 있는 어리석은 사람들과 만나야 한다. 그러면 진정한 자유와 안정을 빼앗긴 채 사람들 속에서 공허를 느낄 것이다.

반면에 육체적으로만 고독한 사람은 고독의 순간을 고통스럽고 힘겹게 받아들인다.

＊ 우리의 기분은 잠시도 쉬지 않고 변한다. 똑같은 태양도 추울 때는 온몸을 따스하게 녹여 주는 고마운 존재이지만 더운 여름에는 귀찮고 성가신 존재로 바뀌어 버린다. 객관적으로 존재하는 사물과 사건이라고 해도, 그것을 바라볼 때의 기분에 따라 판이하게 느껴지는 것이다.

끊임없는 변화 속에서 지금도 계속되고 있는 현재는, 당신이 그것을 어떻게 느끼고 있는가에 따라 달라진다는 사실을 기억해라.

＊ 시야가 좁을수록, 행동의 범위가 작을수록 우리는 더욱 편안하게 행복을 느낀다. 시야와 행동의 범위가 넓어지면 넓어질수록 걱정과 욕망이 그만큼 증가하기 때문에 만족을 쉽게 얻지 못한다.

＊ 행복은 건강이라는 나무에서 피어나는 꽃이다.
건강한 몸과 마음을 유지하기 위해 스스로를 단련해라. 지나친 방탕과 쾌락의 늪으로 끌려 들어가지 않도록 조심해라.
분노나 격정처럼 강렬한 감정의 혼란을 피하고 정신적인 긴장이 계속되지 않도록 주의해야 한다. 날마다 규칙적인 운동을 하고, 섭취하는 음식물에 대한 조절이 필요하다.
인간을 행복하고 불행하게 하는 것은 객관적이고 실재적인 사물이 아니라, 그것을 우리가 어떻게 느끼고 어떻게 받아들이는가에 달려 있다. 그리고 그런 느낌과 인식은 건강을 전제로 할 때 올바를 수 있다.
건강하면 모든 것이 기쁨의 원천이 된다. 그러나 재물이 아무리 많더라도 건강하지 않으면 즐길 수 있는 마음의 여유를 가질 수 없다.

모든 욕망 중 '돈'이 으뜸이 아니라고 부정하지 마라
- 돈만이 모든 욕구에 일반적으로 적용되기 때문이다

✽ 행복론의 위대한 교사인 에피쿠로스(Epicouros, 고대 그리스의 철학자, B.C. 341~B.C. 270)는 인간의 욕구를 세 가지로 나누었다.

첫째는 자연적이며 없어서는 안 될 욕구다. 이 욕구를 만족하지 못하면 고통이 생긴다. 의식주에 대한 욕구가 여기에 해당하며, 그만큼 만족하기도 쉽다.

둘째는 자연적이기는 하지만 없어도 되는 욕구다. 성욕이 여기에 해당하며, 만족하는 것도 쉽지 않다.

셋째는 자연적인 것도 필수적인 것도 아닌 욕구다. 사치, 낭비, 화려함 등의 추구가 여기에 해당하며, 이것은 끝이 없을 뿐 아니라 만족하기도 매우 힘들다.

✱ 소유에 대한 이성적 욕망의 한계를 규정하는 일이 불가능하지는 않다. 다만 힘들 뿐이다.

소유에 대한 사람의 만족감은 절대적인 양이 아닌 상대적인 양, 즉 그 사람의 욕구와 소유와의 관계에 의존하기 때문이다. 그러므로 소유 하나만을 떼놓고 보면 분모 없이 혼자 있는 분자와 같아서 아무런 의미가 없다.

예를 든다면 어떤 사람은 많은 재산을 가지고 싶어 하지도 않고, 없으면 없는 대로 만족할 줄 안다. 반면, 그 사람보다 몇백 배나 많은 재산이 있는 다른 사람은 자신이 바라는 하나를 소유하지 못해 불행하다고 느낀다.

사람들은 모두 각자가 도달할 수 있는 수평선을 가지고 있기 때문이다.

인간의 이러한 욕구는 각자의 범위 내에서 움직인다. 그 범위 내에 욕구의 대상이 존재하고, 이것을 얻어 소유할 수 있다는 희망이 있는 사람은 행복감을 느낀다. 하지만 소유할 수 있다는 희망을 박탈당하면 불행함을 느낄 수밖에 없다.

각자의 범위 밖에 존재하는 것은 그 사람에게 전혀 작용하지 않으므로 부자의 많은 재산도 가난한 사람을 괴롭히지 못한다. 반면, 부자는 아무리 많은 재산이 있다 해도 자신이 소유하지 못한 하나로 인해 아무런 위안도 얻지 못한다.

부귀는 바닷물과 같아서 마시면 마실수록 갈증을 유발한다. 이것은 명성도 마찬가지이다.

＊ 불만은 욕망의 양을 더 크게 키우려고 할 때 이를 방해하는 어떤 것이 버티고 서 있는 데서 비롯된다.

인간처럼 가난하고 많은 욕구로 똘똘 뭉친 종족에겐 재산이 그 무엇보다도 중요하다. 권력마저도 재산을 만드는 수단으로 활용되고 있다. 그러니까 돈을 벌기 위해서는 다른 것들이 다 묵살되어도 이상할 게 하나도 없는 것이다.

어떤 사람의 소망이 오직 돈에만 집중되어 있다면 그는 대중으로부터 비난을 받는다. 그러나 지칠 줄 모르는 프로테우스처럼 그토록 변하기 쉬운 소망과 갖가지 욕구도 돈만 있으면 어느 정도 충족될 수 있으니, 어쩌면 돈을 좋아하는 것이 천만다행일 뿐 아니라 불가피한 일일지도 모른다.

돈 이외의 다른 것들은 단지 한 가지 소망, 한 가지 욕구만을 채울 수 있다. 예를 든다면 빵은 배고픈 사람에게만, 음료수는 목마른 사람에게만, 약은 아픈 사람에게만 필요하다. 이것들은 '일정한 목적을 이루기 위한 것'에 불과하며, 사람에 따라 상대적으로 좋아지거나 싫어지게 된다.

유일하게 돈만이 절대적인 보배이며, 모든 욕구에 일반적으로 적용된다.

✱ 그러나 우리는 가진 재산을 욕구를 채우는 수단으로만 사용하지 말고, 불행에 대한 방비책으로 봐야 한다.

재산을 이 세상의 쾌락을 얻기 위한 수단이라고 생각해서는 안 된다는 뜻이다.

더욱이 태어날 때부터 많은 재산을 상속받은 사람은 노력이 뒤따라야 최고의 가치를 지닌다. 다른 사람이 받지 못한 혜택을 이중으로 받은 셈이므로 그들에게는 인류 전체의 이익에 이바지할 책무가 있는 것이다.

이런 걸 깨달은 어떤 사람은 자선 사업을 통해 사회에 공헌하기도 하지만, 인류 전체의 이익에 이바지하거나 그럴 의지가 있는 사람은 그리 많지 않다.

부모에게서 물려받은 재산이 많으면서도, 스스로가 학문 연구에 매진하지도 않고 학문 발전에 도움을 주는 행위도 하지 않는 사람은 대부분 불행의 또 다른 극단인 권태에 빠져 괴로워한다.

차라리 가난해서 그에게 일이 주어졌다면, 그는 훨씬 더 행복했을 것이다.

그리고 그러한 권태는 그 사람에게 어울리지 않는 특권이었던 재산마저 빼앗아가고 만다.

✱ 수많은 재물을 소유했는데도 쾌락과 방탕을 일삼으면 그 영혼이 공허해지기 마련이다. 쾌락과 방탕은 정신의 궁핍에서 비롯되는

권태의 일종이기 때문이다.

이런 사람들은 외관상으로는 부유한 것처럼 보이지만 내면적으로는 사실상 몹시 가난한 부류에 속한다. 그들은 모든 것을 외부로부터 얻을 수 있다고 생각하기 때문에 사치와 향락에 빠져 있는 것이다.

그러나 사치와 향락은 행복의 척도가 아니다. 행복하다는 느낌은 주관적인 것이기 때문이다.

검소하고 절제된 삶을 사는 사람 중에 자신이 행복하다고 느끼는 사람이 많은 데는 그럴 만한 이유가 있을 것이다.

행복하다는 느낌은 욕심을 버려야만 비로소 찾아오는 것이기 때문이다.

* 어리석은 사람은 재물을 탐낸다. 하지만 지혜로운 사람에겐 재물이란 것이 단지 정신을 어지럽히는 번거로운 짐에 불과하다.

재물이나 사교를 통해 만족을 얻으려는 사람은 평생토록 진정한 자유를 느끼지 못할 것이다. 자유는 물질적인 것에서 오는 것이 아니기 때문이다.

자유는 정신의 산물이며, 아무것도 소유하지 않을 때 비로소 찾아온다. 물질적인 욕심을 절제하고, 정신적인 수양을 통해 소유에 대한 집착에서 벗어나면 자유를 느끼게 될 것이다.

＊ 진정한 마음으로 베푸는 사랑은 받는 사람뿐만 아니라 주는 사람에게도 많은 것을 선물한다.
　사랑하는 사람들은 이미 자연의 이름으로 결합되어 있으며, 법률과 관습의 테두리 밖에 있다.

＊ 가지면 더 갖고 싶은 것이 인간의 마음이다. 하지만 그것은 죽을 때까지 다 쓰지 못하거나 죽을 때까지 다 갖지 못한다.
　인간의 욕망이 끝없는 목마름과 같이 영원히 충족할 수 없다면 불행할 수밖에 없다. 그것을 충족시키기 어렵다면 욕망의 크기를 줄일 필요가 있다.

＊ 우리는 흔히 자신이 갖지 못한 것을 바라볼 때마다 '만일 저것이 내 것이라면 얼마나 좋을까…….'라고 생각한다.
　그럼으로써 자신의 결핍을 인식하고 불행을 느끼게 된다.
　그러나 그렇게 생각하기보다는, 자신이 소유한 것을 바라보면서 '만일 이것을 잃어버린다면 얼마나 고통스러울까?' 하고 생각해 보는 것이 현명한 처사다.

행복의 요소 중 '돈'보다 더 힘이 센 것을 가져라
- 행복의 원천은 '정신적 자아'이다

* 우리 주변의 모습을 보면, 저마다 재물을 더 많이 모으기 위해 바쁘게 움직이고, 개미처럼 부지런히 서두른다. 온종일 돈벌이에만 매달려 재물 이외의 세계에 대해서는 거의 무감각한 상태에 놓여 있다고 해도 과언이 아니다.

그렇게 재물을 벌어들인 사람들은 많은 돈이 들어가는, 순간적이면서도 감각적인 쾌락을 쟁취함으로써 자신들의 노고를 스스로 보상하려고 한다.

물론 이것은 온당치 않은 일이다. 또한, 그들 역시 삶을 끝마칠 때까지 다행히 운명이 베푼 혜택에 큰 변화가 없다고 해도 자신들이 애써 모은 황금 덩어리를 누군가에게 넘겨주어야 한다.

그러므로 이러한 삶은 아무리 합당하고 화려하다고 해도, 실제로는 잃고 빼앗기기 위해 돈을 벌어들인 것에 지나지 않는다. 이는 오랜 세월에 걸친 못난 짓이라는 점에서 미치광이의 삶과 별반 다를 것이 없다.

＊ 정신적인 풍요로움이나 정신 수양을 통해 행복을 추구하기보다는 재물을 얻는 일에 모든 노력을 기울이며 살아가는 사람들은 쾌락이나 물질 이외의 세계에 관해서는 관심조차 없다.

행복을 결정하는 것이 물질적인 소유물이 아니라 '정신적 자아'라는 사실을 알고 있는 사람들도 별반 다르지 않다.

그러나 많은 재물을 소유한 사람 중에 자신을 불행하다고 생각하는 이들이 적지 않다.

그들은 정신적인 풍부함이나 깊이 있는 지식보다는 자신의 인생에 위안을 줄 수 있는 외부적인 것에 관심을 두기 때문에 기쁨보다는 근심이 많은 것이다.

사소한 것들에 대한 지나친 집착은 우리를 깊은 수렁에 빠뜨린다.

＊ 행복의 원천인 '정신적 자아'는 곳곳에 있는 듯하지만 좀처럼 찾기가 어렵다.

일반적으로 '정신적 자아'는 손에 잡힐 듯하면서도 쉽게 잡히지 않으며, 대다수 사람에게는 지극히 작게 나타나므로 거의 있는 듯

없는 듯하다.

　그래서인지 일찌감치 생존 경쟁에서 승리한 사람이 자신을 살펴보면, 아직도 의식주를 해결하기 위해 악전고투하는 사람들과 똑같이 행동하고 있는 자신을 발견하게 된다. 그래서 그들은 공허한 자아와 얄팍하고 모호한 의식, 그리고 빈약한 정신의 헛헛함을 극복하기 위해 그 해결책으로 다른 사람들과의 친목을 도모한다.

　하지만 이렇게 모인 사람들도 머리가 텅 빈 존재인 것은 마찬가지여서, 함께 노름을 일삼거나 온갖 속된 쾌락에 빠져 한통속이 되기 일쑤다.

　＊ 갑부의 아들이 막대한 유산을 순식간에 탕진하는 일을 흔히 볼 수 있는데, 이러한 엄청난 낭비는 결국 정신적 빈곤에서 비롯되는 권태의 일종이다.

　이러한 사람들은 대개 겉으로는 부유한 것처럼 보이지만, 내면적으로는 궁핍 상태를 면치 못하고 있다고 해도 과언이 아니다.

　이들은 모든 것을 오직 외부에서만 얻으려고 한 나머지, 마치 젊은 여자를 가까이함으로써 젊음을 누리고 싶어 하는 황당한 늙은이처럼 외부의 부(富)를 내부의 부(富)라고 치부하는 경향이 있다.

　하지만 결과적으로는 내부의 가난이 외부의 가난을 덮어버리고 마는 결과를 초래한다.

＊ 행복의 또 다른 요소인 '물질적 자아'와 '사회적 자아'의 가치에 대해서는 새삼 논할 필요가 없을 듯하다. 재물의 소중함과 마찬가지로 누구나 다 인식하고 있을 테니까.

'사회적 자아'는 단지 타인의 견해에 의존하는 것이므로, '물질적 자아'에 비해 미약하고 무가치한 것으로 보일 수 있다.

그 예로 명예는 대체로 커다란 보배로 간주되고 있고, 명성은 소수의 비범한 사람에게만 허용되는 영예의 왕관으로 생각되어 모든 인간이 탐을 내는 것만 봐도 알 수 있다.

하지만 어리석고 허영에 찬 인간이 아닌 이상 대부분의 사람은 명예나 명성보다 재물을 택한다.

그러고 보면 '물질적 자아'와 '사회적 자아'는 하나처럼 소통된다. 즉 페트로니우스(Petronius, ? ~ 66, 로마의 작가, <사티리콘> 저술)가 다음과 같이 하는 말은 사실이며, 다른 사람이 자신에게 보이는 호감의 상당 부분이 자신의 물질적 소득에서 기인한 것임을 부정하기는 힘들다.

"풍족해라. 그러면 남들이 받들게 될 것이다."

＊ 인간의 참된 자아로서의 인격은 확고부동하며 모든 경우에 한결같이 영향을 미친다.

그것은 물질적 자아나 사회적 자아와는 달라서 운명의 손에 달려 있지 않을 뿐 아니라 남에게 빼앗길 염려도 없다.

따라서 평생의 행복에 있어서 가장 근본적인 요소는 우리의 참된 자아, 즉 '인격'이라고 할 수 있다.

물질적 자아나 사회적 자아는 상대적 가치를 지니는 데 반해, 인격은 절대적 가치를 가진다. 물론 이 경우에도 시간이 불가항력의 권능을 발휘함으로써 육체적·정신적 특질이 점차 쇠퇴하게 된다.

하지만 골수에 박힌 최고의 도덕적 성격만은 시간이 주는 파멸에도 불구하고 능히 견뎌서 시간을 초월하므로 특수한 경우로 간주할 수 있다.

시간의 파괴력을 계산에 넣는다면, 물질적 자아와 사회적 자아의 손에 빼앗긴다고 해도 이는 우리 자신에게 속한 것이 아니므로 인격보다 소극적인 것으로 생각할 수 있다.

그리고 이 요소들은 외부 세계에 속한 객관적인 것인 만큼 노력하면 다시 손에 넣을 수 있다.

＊ 참된 자아가 물질적 자아보다 한층 더 근본적인 요소라면 당연히 재물을 얻는 데 주력하기보다 자신의 건강을 유지하고 두뇌를 발달시키기 위해 노력하는 것이 현명한 행동이다.

그렇다고 어느 정도 필요한 재물을 손에 넣는 것까지 등한시해도 된다는 말은 아니다. 단지 너무 많은 물질적 소득은 우리 행복에 이바지하는 정도가 매우 적다는 것이다.

재물은 단지 생활의 욕구를 충족시켜주는 것에 불과할 뿐, 참된 행복에 미치는 영향은 실로 보잘것없다. 그뿐 아니라 너무 많은 재물은 자연스럽게 여러 가지 걱정을 야기하므로 오히려 인간의 진정한 내면적 행동을 무너뜨리고 만다.

* 사랑이란 상실이며 단념이다.
모든 것을 남에게 주어 버렸을 때 사랑은 더욱 풍부해진다.

'질투'의 시선을 다른 방향으로 돌려라
- '비교'는 불행의 시작이다

✽ 사람들이 질투의 감정에 사로잡히는 이유는 자신보다 나은 형편의 사람을 바라보기 때문이다. 그 사람이 자신보다 많은 재물을 가지고 있거나 다른 사람으로부터 더 많은 사랑을 받고 있다고 느끼면, 사람들은 대부분 자신의 비참함을 돌아보게 된다.

모든 불행은 비교하는 것에서 시작된다. 그러나 생각해 봐라. 이 지구상에는 나보다 불행한 사람이 얼마나 많은지를……. 태어날 때부터 눈이 멀었거나 듣지 못하는 사람들, 한 끼 식사도 제대로 못 하는 사람들, 그들도 역시 그대의 주변에서 그대와 함께 살고 있는 사람들이다.

* 나보다 행복해 보이는 사람은 실제로 자기 자신을 행복하다고 느끼고 있을까?

그러나 그는 내가 모르고 있는 불행 때문에 나보다 더 불행하게 느낄지도 모른다.

재난을 당했을 때, 가장 좋은 위로는 나보다 더한 불행을 겪고 있는 사람을 돌아보는 일이다.

세네카(Seneca, B.C. 4?~A.D. 65, 고대 로마의 스토아학파 철학자, 네로 황제의 스승)도 "자신의 소유에 만족하고 이를 즐기려면 다른 사람과 비교하지 마라. 자신보다 나은 사람의 행복을 부러워하며 배 아파하는 사람은 결코 행복할 수 없다. 자신보다 나은 사람보다 자신보다 못한 사람이 얼마나 많은지를 생각해라."라고 권고하고 있다.

질투의 시선을 다른 방향으로 돌리면서 자신을 위로할 때, 우리는 그 일을 통해 커다란 위안을 얻을 수 있다.

* 질투는 증오 중에서도 가장 독한 것이므로, 스스로를 자랑하는 등의 천박한 허영심으로 다른 사람의 질투심을 자극해서는 안 된다.

허영심으로 가득 찬 즐거움은 다른 모든 쾌락과 마찬가지로 위험한 결과를 초래하기 쉽다는 사실을 명심하고, 허영심을 버리는 것이 바람직하다.

또한 질투를 받는 사람은 모든 질투의 눈초리를 멀리하고, 계속해서 어느 정도의 간격을 유지하는 것이 바람직하다.
 그러나 그렇게 할 수 없다면, 많은 사람이 실천하고 있듯이 냉정한 태도로 상대방의 잔재주를 묵살해 버리면 된다.

 * 행복에 대한 욕망은 고뇌의 씨앗이다. 이 세상에서 행복을 추구하는 것보다는 고뇌하지 않는 것아 더 중요하다. 이 세상 어디에도 우리가 꿈꾸는 낙원은 없기 때문이다.
 그런데도 우리는 행복한 낙원에서 태어났다는 생각을 하고 있다. 그렇기 때문에 행복과 쾌락에 대한 온갖 헛된 욕망과 기대를 버리지 못하는 것이다.
 그러나 우리의 운명 앞에 기다리고 있는 것은 피할 수 없는 불행의 촘촘한 그물이다.

 * 우리의 인생은 행복을 누리기 위해 있는 것이 아니라 고통을 인내하기 위해 마련된 것이다. 인생의 끝자락에서 우리에게 위안을 주는 것은 삶의 고역을 참아 왔다는 사실이다.
 행복한 삶을 살았던 사람이란 평생 정신적으로나 육체적으로 감당하기 어려운 고통을 겪지 않은 사람이다.
 쾌락과 욕망의 충족을 만족시키면서 살아온 사람들은 결코 행복할 수 없다. 그들은 항상 무한한 욕망을 품고 있기 때문이다.
 만약 당신이 쾌락의 망상에 사로잡히게 된다면 자기 자신에게는 불만을, 다른 사람에게는 질투를 느끼게 될 것이다.

＊ 우리가 흔히 행복이라고 말하는 것은 뿌리도 잎도 없는 환상에 지나지 않는다.

우리는 고통을 그 대가로 지불하면서까지 쾌락을 즐길 필요가 없다. 일시적인 쾌락을 위해 영원한 고통을 감내한다는 것은 어리석은 일이다. 마찬가지로, 인생이라는 고뇌의 장(場)을 즐거운 곳으로 만들려고 하는 것은 터무니없는 생각이다.

쾌락과 즐거움 대신에 고통이 없는 상태를 위해 노력해라.

그러나 대부분의 사람은 고통이 없는 상태보다는 쾌락의 삶을 선택한다. 그렇지 않은가?

우리가 쾌락을 선택하는 것은 어떤 의미에서는 자연스럽고 당연하다. 대부분이 높은 산으로 올라가기보다는 눈앞에 보이는 장난감을 가지고 노는 것을 원하기 때문이다.

진정으로 현명한 자는 산을 오르는 고통을 참고 견디다가 결국 정상에 올라 자연의 위대함에 경이를 보내게 된다.

＊ 우리는 삶의 목적을 불행에서 벗어나는 것으로 정해야 한다.

고통과 질병을 예방하기 위해서는 무엇보다도 먼저 '행복이라는 환상의 감옥'에서 벗어날 수 있어야 한다.

불행을 피하려고 하는 사람은 언제나 자신이 원하는 것을 알고 있다.

* 자신의 능력을 어떻게 이용하느냐에 따라 우리는 행복을 맛볼 수 있다. 자신의 능력을 정확히 파악하여 자신에게 어울리지 않는 일은 피하고 자신에게 알맞은 일을 찾아서 한다면 행복을 느끼는 것이 그리 어렵지 않을 것이다.

헤라클레스처럼 뛰어난 힘을 가진 사람이 수공업에 종사하거나 학문을 연구하는 정신노동에 종사하게 된다면 자신의 타고난 재능을 제대로 발휘할 수 없지 않겠는가.

자신에게 어울리지 않는 일을 선택하는 사람은 불행을 피하기 어렵다. 이렇듯 행복은 얼마든지 자신의 노력으로 성취할 수 있다.

그러나 질투와 욕심은 자신의 능력을 정확히 파악하도록 만드는 마음의 눈을 가려버릴 뿐만 아니라 타인의 능력을 확대해서 바라보게 하는 잘못된 눈까지 만들어버리므로 경계해야 한다.

* 행복은 한 조각의 꿈이다. 오직 고통만이 오래도록 실제로 남아 있다. 이것은 논란의 여지가 없는 사실이다.

우리의 인생에 대한 평가 기준은 행복이 아니다. 오히려 불행의 예방이 우선적인 척도가 될 수 있다. 행복하다는 말은 불행하지 않다는 사실을 의미하니까 말이다.

행복에 집착하지 마라
― 집착은 인생을 피폐하게 만들 뿐이다

✻ 행복은 도처에 널려 있는 것 같으면서도 좀처럼 찾을 수 없다. 참다운 행복은 '어떻게 끝을 맺는가?', '어떻게 해야 하는 것인가?' 하는 문제가 아니라, 무엇을 바라는가에 대한 문제이다.

✻ 행복은 다른 사람이 나를 위해 친절을 베풀 때 찾아오는 것이 아니다.
행복은 내가 먼저 다른 사람을 위해 도움의 손길을 내밀 때 찾아온다.

✻ 이 세상의 모든 일은 자신의 내부에서 비롯된다. 행복이나 불행

은 결국 자신의 느낌과 사고에 의해 결정되는 것이기 때문이다. 우리의 외부에서 일어나는 모든 사건이나 경험들은 간접적인 영향력을 행사할 뿐이다.

우리는 행복과 불행을 자신의 의지와 경험에 따라 서로 다르게 해석한다. 우리는 모두 동일한 환경 속에서 살아가고 있지만, 각자가 서로 별개의 세계를 만들고 있는 것이다.

자신의 생각과 느낌과 의지의 작용만이 자신의 인생을 결정할 수 있다는 점을 항상 기억해라. 삶에 지친 그대에게 지혜와 용기를, 위안과 자신감을 선사할 것이다.

* 현실의 객관적인 모습은 변하기 쉽다. 그러나 주관적인 의식은 좀처럼 변하지 않는다.

행복은 외적으로 드러나는 형태가 아닌, 의식 그 자체에 의해 결정되는 경우가 많다.

세르반테스(Cervantes, 1547년~1616년, 스페인의 작가)는 현명한 사람이었기 때문에 참혹한 감옥에서도 불후의 명작 『돈키호테』를 쓸 수 있었다.

그는 갇히고 폐쇄되었다는 외적 환경보다는 의식을 자유롭게 풀어 상상의 세계를 펼칠 수 있는 정신력이 강했기 때문에 행복할 수 있었다.

* 누구도 불행을 피할 수는 없다. 현명한 사람도 어느 정도의 불행은 겪을 수밖에 없다.

불행한 일이 벌어진 후에 '다르게 행동했다면 일이 지금처럼 되지는 않았을 거야.'라고 한탄하면서 후회하지 마라. 후회는 자신을 고문하는 일에 불과하다.

후회하지 않는 것이야말로 자신의 불행을 완화시킬 수 있는 유일한 방법이다.

* 대단히 놀라운, 환상적인 행복을 언젠가는 반드시 손에 넣고 말겠다는 생각을 하는 사람이 있다면 지금 당장 그 믿음을 깨도록 해라.

행복은 자주 그대의 주위에서 서성대고 있는 것처럼 느껴질지 모르지만, 그대의 손안에 들어오는 일은 없을 것이다. 그대가 눈을 들어서 바라보는 세상 구석구석에 불행의 씨앗이 산재해 있기 때문이다.

질병, 천재지변, 상처를 주는 한마디의 말, 갈등과 증오……. 이런 불행은 너무나 쉽게 찾아와서 좀처럼 사라지지 않은 채 그대에게 매달려 있을 것이다.

* 마음을 비우고 행복이라는 환상에서 벗어나기 위해 애쓰는 것, 이것이 당신에게 가장 필요한 일이다.

집착만큼 우리의 삶을 오랫동안 아프게 파고 들어가는 병은 없다. 집착은 어떤 식으로든 우리의 인생을 피폐하게 만든다.

＊ 어떤 사람이 누리고 있는 행복이 과연 어느 정도인지 알고 싶다면 그 사람이 얼마만큼의 걱정을 하고 있는지 물어봐라.

만약 그 사람이 걱정하는 문제가 사소한 것이라면 그 사람이 누리는 행복은 큰 것이다. 사소한 일로 걱정한다는 것은 어느 정도의 행복을 누리고 있다는 뜻이다.

큰 불행을 겪고 있는 사람은 사소한 걱정이나 근심이 눈에 들어오지 않기 마련이다. 그 사람이 겪고 있는 고통의 정도가 그만큼 크기 때문이다.

만약 고통이 전혀 없는 세상에서 살게 된다면, 그대는 권태로 인해 죽음의 길을 선택했을지도 모를 일이다.

＊ 그대가 지금 머물고 있는 그곳은 즐기기 위한 곳이며 행복을 얻기 위한 장소이다.

행복을 얻지 못하는 사람은 단지 노력과 재능이 부족하기 때문이 아니다. 만약 이러한 생각을 하고 있다면, 인생에 대해 경솔한 판단을 내리고 있는 것이나 다름없다. 행복을 찾기 위한 노력은 오히려 정반대의 결과를 초래할 뿐이다.

행복에 대한 집착은 행복이 아니라 불행을 안겨준다. 이러한 불행은 고뇌와 질병, 손실, 번민, 가난, 굴욕 등의 여러 가지 재앙의 근원이 된다. 나중에 허망한 꿈에서 깨어난다고 하더라도 이미 때가 늦었다.

＊ 우리는 다른 사람과의 관계를 통해 스스로에 대해 모르고 있던 많은 것을 깨닫게 된다. 지금 맞닥뜨린 고통의 순간에서 벗어나기만 하면 행복할 수 있다는 환상 속에서 공허한 쾌락을 찾아다닌다. 그러나 우리 앞에 나타나는 것은 또 다른 고통일 뿐이다. 진정한 천국은 쾌락이 있는 곳이 아니라 불행이 없는 곳이다. 그곳이 바로 행복의 안식처인 것이다.

타인이 나를 바라보는 시선과 자신이 스스로를 바라보는 시각은 다를 수 있다. 이러한 불균형 때문에 우리는 자주 어려움과 고통을 만난다. 다른 사람과의 관계 속에서 서로를 이해하지 못하거나 오해가 생길 때 우리는 서로를 미워하거나 증오하면서 정신적인 상처를 주고받는다.

＊ 고독한 생활에 수반되는 약간의 손실은 사전에 충분히 대책을 세울 수 있다. 친구들이나 친척들에게 연락하여 양해를 구한다면 혼자만의 진정한 자유를 누릴 수 있을 것이다.

그러나 기만과 사기, 유혹이 넘치는 사교적인 생활은 언제나 우리에게 깊은 상처를 줄 뿐이다.

＊ 불행을 맛보는 것은 쉬운 일이다. 행복이 좀처럼 모습을 드러내지 않기 때문이다.

만약 행복한 순간을 만나게 되더라도 그것은 일시적인 우연일 뿐이다.

늙은 떡갈나무는 사나운 폭풍에 부러지기 쉽고, 높은 곳에 있는 허술한 성채는 순식간에 허물어지기 쉬우며, 산봉우리에는 언제 벼락이 떨어질지 모른다.

그러나 연약한 갈대는 부러지지 않고, 견고한 집은 허물어지지 않는다.

＊ 나는 결코 다른 어떤 사람이 될 수 없다.

나는 진정한 자아를 찾기 위해 노력해야 한다.

나의 내부를 잘 이해하면 할수록 행복의 땅에 더욱 가까이 접근할 수 있다.

행복은 자기 자신에게 만족하는 사람에게만 존재하는 것이다.

한 가닥 빛이 보인다면 포기하지 마라
― 고통은 행복의 희미한 그림자이다

＊ 우리는 고통을 극복하는 방법을 배우려고 하지 않는다.
고통의 순간을 통해 무엇인가를 배우기보다는 고통 속에 빠진 채 그곳에서 허우적거리기만 한다.
그리고 고통으로 패인 상처만을 어루만지며 살아갈 뿐이다.

＊ 고통스러운 상황에 놓여 있더라도 삶은 우리에게 어떤 형태로든지 보상한다.
우울한 사람은 쾌활한 성격의 사람보다 고통을 많이 체험한다. 그러나 그 대신에 실재적인 고난에 처했을 때 그는 그 재난을 훌륭하게 견뎌 나간다. 그들은 모든 것을 비관적으로 바라보기 때문에 보다

객관적이고 침착하게 재난을 극복하기도 한다.

그러나 우울한 사람은 현실에서 만족을 얻지 못하므로 늘 삶에 지쳐 있다.

* 우울한 사람들은 인생에 대한 권태를 느끼고 자살을 꿈꾸기도 한다. 증세가 심한 우울증 환자는 자살에 대해 고민하거나 주저하지 않는다.

그들은 자신을 구하기 위한 극히 자연스럽고 이상적인 방법으로써 자살을 선택한다. 그러나 자살은 인생의 고통에서 벗어날 수 있는 완전한 방법이 아니다.

* 결말이 실패로 끝날 거라고 예상되는 상황에 놓여 있더라도, 한 가닥 희망의 빛이 보인다면 포기하지 마라.

무거운 먹구름이 하늘을 뒤덮고 있더라도, 한쪽 구석에서 작지만 밝은 빛이 세상을 비추고 있다면 결코 희망을 버리지 마라.

아무리 작은 빛이라도 그 빛은 세상을 환하게 비출 수 있으며, 우리의 앞길을 열어줄 수 있다. 저기에 빛이 보이지 않는가.

용감한 사람은 천지가 뒤집히기 전에는 결코 쓰러지지 않는다. 용감한 사람은 어떤 일이든지 한 가닥 희망을 보고 험난한 파도를 향해 뛰어들기 때문이다.

이런 사람에게 삶은 두려움의 대상이 아니다. 그런데도 대부분의 사람은 작은 빛보다는 무거운 먹구름만을 의식하면서 두려워한다. 그러나 먹구름은 반드시 걷히기 마련이다.

 진정한 용기를 가진 자라면 그 작은 빛을 위해 자신의 모든 것을 던져 최선을 다할 것이다.

* 우리의 인생은 운명의 지배를 받고 있다. 이 세상에 존재하는 것 가운데 우리의 소유인 것은 아무것도 없다. 운명은 우리의 물질적인 재산과 가족, 사랑에 대해서까지 절대적인 권리를 행사한다.

 행복은 아주 멀리 떨어진 곳에서 손짓하고 있다. 그 거리를 좁히면서 가까운 거리까지 접근하면 어느 사이에 행복은 희미한 그림자처럼 사라지고 만다.

 그러나 불행은 우리에게 아무런 환상도 심어주지 않는다. 불행이 우리에게 안겨주는 것은 불행 바로 그 자체이다.

* 어떤 사건에 대한 판단은 우리의 감수성에 의해 결정된다. 우리가 흔히 말하는 행운이나 재앙은 그 사건 자체가 보여주는 객관적인 의미보다는 그것을 어떻게 받아들이는가에 달려 있다.

* 우리가 마시는 물이 산소와 수소가 일정한 비율로 결합되어 있는 것처럼, 우리가 경험하는 현실도 주관과 객관이라는 두 가지 요소의 결합에 의해 결정된다.

어떤 사건이 객관성을 유지하고 있더라도 개인의 주관에 따라 현실의 모습은 전혀 다른 것으로 변하게 된다.

야상곡은 매우 아름다운 음악이지만 마음이 우울할 때 그 음악을 듣는다면 보잘것없는 소음에 불과할 수도 있다.

아름다운 산봉우리를 날씨가 나쁜 날 바라보면 그 아름다움을 전혀 느낄 수 없다. 또한 고장 난 카메라로 멋진 풍경을 찍는다면 우리는 그 사진을 인화할 수 없다.

현실의 모습들은 주관성과 객관성에 의해 우리의 주위에서 끊임없이 변화하고 있다.

의지는 우리에게 자유를 부여한다. 바로 존재하는 것에 자유가 있기 때문이다.

* 인간의 행복과 불행은 무엇으로 자신의 마음을 가득 채우느냐에 달려 있다.

같은 바구니라도 과일을 담으면 과일바구니가 되지만 쓰레기를 담으면 쓰레기통으로 변한다.

사람의 마음 또한 마찬가지로, 무엇으로 채우느냐에 달려 있다.

자신의 인생에 책임져라
― 내 운명의 주인은 오직 나뿐이다

* 내 운명의 주인은 오직 나뿐이다. 이 세상 어느 누구도 나의 인생을 바꿀 수는 없다.

나는 모든 것을 스스로 선택할 수 있는 힘을 가지고 있다.

과거의 향수를 누리면서, 용기를 가지고 새로운 미래의 시간을 준비해야 한다.

* 자신의 인생을 책임질 수 있는 사람은 자기 자신 외에는 아무도 없다.

모든 책임이 자신에게 달려 있다는 사실을 안다면 얼마나 홀가분하고 자유롭겠는가.

사랑은 햇빛이고, 미움은 그늘이다.
인생은 그늘과 햇빛으로 아로새겨져 있다.

* 우리가 성장하고 발전할 수 있는 것은 지식을 받아들일 수 있는 용기가 있기 때문이다.
이러한 용기를 통해 우리는 수많은 경험을 자신의 영혼 속으로 끌어들인다.
그래서 나는 오직 나만의 경험을 만들어 간다.

* 차원 높은 숭고함은 시련 속에서 얻을 수 있다.
자연은 때때로 사나운 회오리바람을 내보낸다. 주위는 짙은 어둠으로 뒤덮이고 하늘에는 거친 비바람이 휘몰아치고 있다.
우리의 시야를 방해하고 있는 바위는 거대하며, 대지에는 나무 한 그루도 풀 한 포기도 없다.
강은 요란스러운 소리를 내면서 거품을 일으키며 흐른다. 골짜기를 스치는 바람은 비명을 지르고 있다. 우리는 손과 발이 묶인 채 자연과 싸워야만 한다.
이런 조건 속에서도 고통이나 고뇌에 마음을 완전히 빼앗기지 않고 사물을 객관적으로 바라볼 수 있다면 인식의 순수한 주체는 모든 것을 분명하게 통찰할 수 있다.
객관적인 인식과 냉정한 통찰은 우리에게 반드시 필요한 지혜이다.

이러한 인식과 냉철함이 없다면 우리는 이 거친 세파에서 살아남을 수가 없다.

무모함과 거침에서 벗어날 수 있는 길은 논리적이며 이성적인 사고뿐이다. 그러므로 이성적인 힘을 기르기 위해 노력해라. 그대에게는 무한한 가능성이 깃들어 있다.

* 괴로운 일에 부딪혔을 때 우선 감사할 가치가 있는 것을 찾아서 그것에 충분히 감사해라. 그러면 마음에 평온함이 찾아오고, 기분이 가라앉으면서 어려운 일도 견디기 쉬워진다.

괴롭다고 해서 괴로움만 있는 것은 아니다. 감사함은 항상 존재해 왔다. 단지 비중이 다를 뿐이다. 내 마음이 가는 쪽이 비중이 커지기 마련이다.

애써 감사하면, 마음은 따를 수밖에 없게 설계되어 있다. 모든 건 마음에 따라 움직인다.

3장

무엇을 버리고, 무엇을 채워야 하는가?

진리를 찾으려면 '선입견'과 '편견'을 버려라
― 세상의 모든 일은 알맹이 없는 껍데기다

✤ 어리석은 사람은 멀리서 지혜를 찾지만, 현명한 사람은 자기의 발밑에서 지혜를 키운다.

✤ 지혜와 빛은 서로 비슷한 점이 많다. 풍경이 빛에 따라 무수히 다양한 모습의 아름다움을 보여주는 것처럼, 지혜도 인생을 다양한 각도로 분석하면서 교훈을 발견한다.

✤ 이 세상은 한 편의 연극이나 엉성한 영화에 불과하다.
철학 강좌는 진리의 간판을 내걸고 있지만, 그곳에서도 진정한 진리를 찾을 수는 없다. 진정한 진리의 발견은 자신의 내면을 바라볼 수 있을 때만 가능하기 때문이다.

이 세상의 모든 일은 알맹이 없는 껍데기일 뿐이고, 교회의 종소리와 법당의 풍경 소리 역시 공허한 형식에 지나지 않는다. 진리는 영혼의 장막에 깃들어 있기 때문이다.

진리를 발견하는 것은 쉽지 않다. 진리가 껍데기 속에 들어 있지 않기 때문이다.

✤ 진리를 찾는 데 있어서 가장 커다란 방해가 되는 것은 빈약한 지성이나 거짓된 가상(假想)이 아니다. 그것은 바로 선입견과 편견이다.

선입견이나 편견은 일종의 후천적인 천성과 같은 것으로, 진리와 대립한다.

이는 마치 육지로 향하던 배를 바다 한가운데로 밀어 버리는 사나운 태풍과 같아서, 닻이나 돛을 무용지물로 만들어버린다.

직관력에 몰두할 것인가, 상상력에 의존할 것인가?
― 철학과 시(詩)의 차이

❖ 철학에서 요구하는 두 가지 자세가 있다.

첫째, 어떠한 의문이라도 주저하지 말고 다른 사람에게 물어볼 수 있는 용기를 가져야 한다.

둘째, 명백한 사실에도 의문을 품는다는 분명한 인식이 있어야 한다.

이 두 가지 자세만 가진다면 철학을 할 수 있을까?

아니다. 철학을 하는 데 무엇보다도 중요한 점은 참된 의미에서 정신적으로 여유가 있어야 한다는 것이다.

정신적으로 여유가 있다는 것은 아무런 목적도 추구하지 말아야 하고, 의지에 유혹당하지 말아야 하며, 직관적인 세계와 의식의 가르침에 전적으로 몰두하는 것을 뜻한다.

♣ 시인은 상상력을 통해 인간과 사물 모두를 살아 움직이도록 만든다. 그리고 상상력을 더욱 넓히기 위해 나중에는 그것들을 놓아 버리고, 정신력이 미치는 범위 내에서 이것들을 생각하도록 독자에게 맡겨버린다. 시인은 이런 방식으로 사람들에게 풍요로움과 만족감을 안겨준다.

그러나 철학자는 인생을 통해 발견할 수 있는 완성된 사상을 보여준다. 그다음에는 철학자 자신과 동일하게 생각할 것을 요구한다.

시인이 꽃 자체를 가져오는 사람이라면, 철학자는 꽃의 정수(精髓)를 가져오는 사람이라고 할 수 있다.

이렇듯 시(詩)는 평화롭게 공존하면서 정답게 풀을 뜯는 어린 양과 같은 반면, 철학(哲學)의 업적은 태어나면서부터 남을 물어뜯는 파괴적인 짐승과 같다.

시가 독자에게 즐거움과 감동을 주는 데 비해, 철학책은 독자의 사고방식을 완전히 뒤집기 위해 지금까지 독자가 배우고 믿어왔던 것이 모두 오류라고 설파하면서 그 사실을 인정하고 새롭게 출발하라고 강권하기 일쑤다.

그러다 보니 철학 서적을 읽는 사람의 수는 가르침을 받으려고 하는 사람의 수에 비례하고, 시를 읽는 사람의 수는 즐기려는 사람의 수에 비례한다.

명성이나 타인의 판단에 의지하지 마라
― 입장의 차이만 있을 뿐 근본의 차이는 없다

✤ 사색하는 사람에게 위대한 사상이 찾아온다. 그러나 모든 사상이 우리 삶에 큰 영향을 미치는 것은 아니다.

사상가는 자기 자신을 위해 사색하는 사람과 다른 사람을 위해 사색하는 사람으로 분류할 수 있는데, 진정으로 가치 있는 것은 한 사람의 사상가가 자기 자신을 위해 사색하는 것이다. 그에 비해 다른 사람을 위해 사색하는 사람은 자신이 유명한 사상가라고 알려지기를 원하거나 부(富)와 명성(名聲) 속에서 행복을 찾으려 하는 경향이 있어서 삶의 진실을 깨닫기가 쉽지 않다.

진정한 사색은 외부의 명성이나 타인의 판단에 의지하지 않는다. 어려운 문제에 처해 있을 때 그 문제의 핵심을 파악하는 것, 그리하여 그 문제가 가지는 진정한 가치를 깨닫게 될 때 사색의 의미가 찾아지기 때문이다.

 진정한 사색가는 어느 누구의 힘도 빌리지 않고 모든 판단의 근거를 자신의 내부에서 찾는다. 군주가 다른 사람의 명령에 따르지 않는 것처럼 진정한 사색가는 다른 사람의 권위를 인정하지 않는다. 그는 자신이 직접 인정한 것 이외에는 아무것도 승인하지 않는다.

 그러나 권위나 편견에 사로잡혀 있는, 이 사회를 구성하고 있는 대다수의 사람은 여러 가지 의견에도 불구하고 법이나 명령에 묵묵히 복종한다.

❖ 사색하는 사람은 사물을 자신의 눈으로 직접 파악한 다음, 거기에 자기가 알고 있는 사실을 적용시킨다. 따라서 사색하는 사람들 사이에는 근본적인 차이가 없다. 그들은 다만 사물을 바라보는 입장이 서로 다를 뿐이다.

❖ 다른 사람으로부터 배워서 얻은 진리는 우리의 내부로 흡수되지 못한다. 그런 지식은 머릿속에서 기억될 뿐 우리의 본질과는 쉽게 어울리지 않는다. 그것은 마치 물로 빵을 만드는 것과 같다.

 억지로 만든 인위적인 형태는 자연스럽지 못하다. 그러나 스스로 사색하는 과정을 통해 얻은 진리는 살아 있는 우리 몸에 비유할 수 있다.

사상가와 단순한 학자의 차이도 바로 여기에서 비롯된다. 스스로 사색하는 사람의 글은 정확한 빛과 그림자가 배합되어 부드러운 그림이 되지만, 단순한 학자의 글은 약동하는 정신이 결여되어 있는 팔레트가 된다.

색조가 생생하게 살아 움직이는 아름다운 그림이 될 것인가, 아니면 모든 색이 마구 혼합되어 있는 팔레트가 될 것인가? 그것은 스스로 선택할 일이다.

♣ 세계적으로 만연된 전염병의 세 가지 증상은 명예욕, 허영심, 자부심이다.

이 가운데 자부심은 스스로에 대한 확고한 자신감이고, 허영심은 제3자가 나 자신에게 이러한 신념을 갖게끔 하는 것으로, 이에 성공하면 자신에 대한 자부심을 갖고 싶다는 은밀한 희망이 생기게 된다.

자부심은 자신에게서 비롯되는 직접적인 자기 존중이며, 허영심은 이를 외부로부터 간접적으로 손에 넣으려는 것이다. 그래서인지 허영심은 말이 많은 반면, 자부심은 말이 적다.

우리는 다변보다 침묵이 한층 더 손쉽게 다른 사람의 존경심을 끌어낸다는 사실을 익히 알고 있다. 다만 다른 사람을 의식한 자부심과 허영심은 단지 그럴듯하게만 보이게 할 뿐이어서, 다른 가상적 욕구와 마찬가지로 이내 무너져 버리고 만다.

참된 자부심은 오직 자신의 우수한 장점과 뛰어난 가치에 대한 확신에 의해서만 이루어지는 것이다.

자부심이 확신에서 비롯되는 한, 모든 지식과 마찬가지로 의지와 힘만으로는 자부심을 손에 넣을 수 없다. 자부심의 가장 큰 장애물이자 적은 바로 허영심으로, 이는 자부할 것이 전혀 없는 사람들의 기행(奇行)에 불과할 뿐이다.

정말로 특출한 사람이라면 어느 정도의 자부심을 갖고, 세상 사람들은 염치없고 어리석으며 변덕스럽다는 사실을 알아야 한다. 대범한 척하면서 사람들에게 너그러운 태도를 보이거나 자신과 동등한 사람으로 대한다면, 그들은 곧 비웃음을 띠며 당신을 자기 자신과 같은 부류로 간주할 것이 분명하니까 말이다. 특히 인격적인 최고의 우월은 호칭과는 달리 언제나 제3자에게 보여줄 수 없는 노릇이므로, 당사자는 늘 존귀한 태도를 보여야 할 필요가 생길 것이다.

♣ 여러 가지 꼴불견 중 가장 같잖은 것은 국민적 자부심이다. 국민적 자부심은 수천 수백만 인구의 공동 소유를 자랑하는 것으로, 국민 각자에게 참된 자부심을 가질 만한 개인적 특성이 없다는 의미이기도 하다.

뛰어난 재능을 가진 사람은 성인의 자세로, 자기 나라 국민의 단점을 명확히 인식한다. 반면, 가련하고 속물적인 인간들은 자신이 우연히 태어난 국가에 대해 쓸데없는 자부심을 느끼면서, 자신의 빈약한 개성에 스스로 금박을 두르고 있다고 해도 과언이 아니다.

국민성이란 대다수의 사람에게 공통된 것이므로, 멀쩡한 정신으로는 어느 누구에게도 도저히 찬사를 보낼 수 없다. 어느 국가의 어떤 국민성을 살펴봐도 단지 무능하고, 미약하고, 아둔하고, 사악한 인간의 속성이 여러 가지 형태로 나타나고 있을 뿐이니까 말이다.

따라서 모든 국민은 다른 나라의 국민성을 저마다 비웃을 수는 있지만, 어떤 것이 더 옳고 그르다고 승부를 낼 수는 없다.

❖ 명예나 지위, 훈장이 대다수의 속물들에게는 훌륭하게 보이고 국가를 위해서 소중한 도구가 된다 해도, 그것이 행복의 조건은 될 수 없다.

지위의 가치는 단지 사회제도와 관례에 의존한 것이며, 이에 대한 세상 사람들의 존경도 표면적인 것으로 단지 값싼 연극에 불과하다.

❖ 명예 가운데 가장 범위가 넓은 것은 개인의 명예다. 평화로운 사회를 만들기 위한 유일한 조건은 누구나 다른 사람의 권리를 존중하고, 부정이나 불법으로 자기 혼자만의 이득을 취해서는 안 된다는 것이다. 따라서 한 번이라도 이 사회적인 묵계를 저버리는 행동을 하거나 법률상 정당한 형벌을 받게 된다면, 그의 명예는 영원히 매장되고 말 것이다.

본래 인간의 도덕적인 성격은 고정되고 불변하는 것이므로, 환경이나 조건이 유사하기만 하다면 어떤 사람의 부정행위는 앞으로도 계속 반복적으로 일어날 소지가 있다. 그런 만큼 모든 명예는 이 불변하는 도덕적 성격을 토대로 하며, 한 번 실추된 명예는 다시 회복할 길이 없다. 단, 남의 중상모략을 받았을 때는 예외이다. 이 경우에는 일시적으로 명예가 실추되기도 하지만 언젠가는 회복될 수 있다.

✤ 어떤 직위를 갖고 있는 사람이 다른 사람들에게 보여주는 독특한 인상이 있는데, 이 인상에 대한 세상 사람들의 신뢰와 존경이 바로 관직의 명예다.

따라서 국가에서의 활동 범위가 넓고 중요하며 그 직책이 무거울수록 이에 따르는 재능과 덕망이 요구되고 신뢰나 존경심이 높아지므로 그만큼 명예도 따라오기 마련이다.

지위의 등급이나 추천 및 추대는 관직의 명예와 관련한 구체적인 표현이다. 지위는 명예의 중요한 척도가 되기도 하는데, 지위에 대한 대중의 이해가 부족해서 사실 그 척도가 맞지 않을 때도 있다. 소극적인 명예만을 가진 개인보다 특별한 공직에 종사하는 인사에게 더 큰 명예가 주어지는 것이 일반적이니까 말이다.

그리고 어떤 관직에 몸담고 있다면, 자신의 부하나 후계자를 위해 관직 자체의 위험을 고수하는 것이 명예를 유지하는 길이다. 따라서 자신의 직책을 완수해야 하는 것은 물론이고, 관직에 앉은 사람으로서 직책에 충실하지 않았다거나 관직 자체가 사회에 조금도 이바지하지 않았을 때는 어떤 수단을 써서라도 대중의 오해를 풀어야만 한다.

관직의 명예에는 어떤 정신적인 일에 종사하면서 책임과 의무를 지는 사람들의 명예도 포함된다. 군인의 명예가 대표적이다.

군인의 명예는 조국 수호를 의무로 하는 사람에게 필요한 용기, 담력, 체력을 지닌 동시에 조국을 위해서는 목숨을 기꺼이 내던진다는 각오와 충성심을 가진 사람들에게 주어진다.

관직의 명예라면 흔히 관직 그 자체에 대한 존경을 뜻하지만, 나는 이보다 더 넓은 의미를 부여하려는 것이다.

❖ 명성과 명예는 정반대다. 명예는 누구에게나 문이 열려 있지만 이를 유지하는 것이 상당히 어려우며, 실수로 그것을 잃어버리면 다시 회복하기 힘들다. 반면, 명성은 한번 손에 넣으면 잃을 우려가 없다. 행위나 작품은 영원한 생명을 지니고 있기 때문이다.

그러나 명성이 당사자가 생존해 있을 때 소멸했다면, 이는 결국 순수한 가치에 의해 평가받은 것이 아니라 일시적으로 얻은 명예에 부가된 것에 지나지 않는다는 뜻이다.

따라서 명성을 얻은 당사자의 친구나 제자, 또는 동료가 무지한 대중을 현혹함으로써 얻은 명성은 후세의 웃음거리가 될 수밖에 없다. 겉만 화려하게 치장된 크고 웅장한 집이나 학파가 무너진 전당(殿堂)에 들어가 보니, 그 속에 오직 초라한 빈방만 남아 있는 것과 무엇이 다르겠는가.

♣ 명성은 근본적으로 인간과 인간의 비교에서 비롯되는 상대적인 것이므로 가치 역시 상대적이다. 따라서 다른 사람이 자기 자신과 동등한 가치를 지니게 되면, 그 명성은 자연히 소멸한다.

절대적인 가치를 갖는 것은 영구불변하면서 오롯이 자기 자신으로서 지니고 있는 '실체'뿐이다. 그러므로 위대한 영웅이나 대학자의 가치와 행복도 오직 그들의 참된 자아 속에만 깃들어 있는 것이다.

따라서 우리가 소중히 여겨야 하는 부분은 '명성' 그 자체가 아니라 '명성을 얻는 것'이다. '명성'이 우연성이라면, '명성을 얻는 것'은 실질성일 테니 말이다.

사색의 길, 독서의 길
— 사색과 독서가 정신에 미치는 영향의 차이

❖ 우리가 진정으로 얻게 되는 지식은 독서에 의한 것이 아니라 사색에 의한 것이다. 사색은 자신의 생각을 좀 더 깊이 파고들어서 보다 넓은 안목으로 세상을 바라볼 수 있는 시각을 길러 준다.

사색을 하기 위해서는 먼저 자신의 가치관을 정립해야 한다. 가치관의 정립은 그 사람의 경험을 통해 이루어진다.

독서도 간접적인 경험으로 작용한다. 그러나 독서가 가치관의 정립에 직접적인 영향력을 행사할 수는 없다.

❖ 사색은 외부에서 일어나는 사건들에 의해 속박을 당하지만, 독서와 달리 자신의 충동에 따라 움직인다. 눈에 보이는 세계는 그

사람의 성격에 맞는 사색을 하기 위한 소재와 기회가 된다.

너무 많은 양의 책을 한꺼번에 읽는 것은 자칫하면 정신의 탄력성을 잃어버리게 만든다. 그것은 오랫동안 용수철에 무거운 짐을 매달아 놓으면 용수철의 탄력이 없어지는 것과 비슷하다.

아무런 여과 장치도 없이 무조건 지식을 받아들이는 것은 자신의 독특하고 확실한 사상을 갖는 일에 방해가 된다.

✤ 사색이 정신에 미치는 영향과 독서가 정신에 미치는 영향 사이에는 커다란 차이가 있다.

독서는 우리가 순간적으로 품게 되는 생각과 거리가 멀 때가 많다. 독서는 성질이 다른 사상을 도장 찍듯이 강제로 정신에 찍어 주는 작업과 유사하기 때문이다.

이렇게 되면 정신은 외부로부터 사색의 주제를 강요받게 된다. 그 주제에 대해 아무런 관심이나 흥미를 느끼고 있지 않아도 그렇게 되는 것이다. 강요된 사색은 우리 정신에 아무런 도움을 주지 못한다.

흥미도 없는 문제를 독서를 통해 의식하게 되고 그 지식을 정신에 주입시킨다고 해서 그것이 두뇌에 기억된다고 생각하는 것은 어리석다. 그것들은 두뇌의 표피에 머물다가 이내 사라질 뿐 아니라, 강요는 거부감을 동반하기 때문이다.

그러나 사색은 다르다. 스스로의 의지로 문제의식을 느끼고 그것에 대해 자신의 진리를 모색하는 것은 새로운 지혜를 터득하는 열쇠가 될 수 있다. 사색은 열린 마음과 자유로운 정신에서 비롯되니까 말이다.

✣ 개인이 가진 저마다의 사상에는 진리와 생명이 들어 있다. 반면 독서에서 얻은 사상은 다른 사람이 먹다 남긴 음식 찌꺼기나 벗어버린 헌 옷에 불과하다.

그러므로 자신의 정신 속에서 불타고 있는 사상과 책에서 읽은 다른 사람의 사상을 비교하지 마라. 그런 일은 마치 봄에 만발한 꽃과 화석이 되어버린 태고의 꽃을 비교하는 것과 같다.

✣ 스스로 사색하는 사람과 책에 의존하는 사람은 말하는 모습만 보더라도 구별할 수 있다.

사색하는 사람의 특징은 진지하고 근원적이며, 그가 사상을 표현하는 방식에 독창성이 깃들어 있다.

하지만 책에 의존하는 사람이 말하는 것은 모두가 책에서 인용하는 것이므로 자신의 사상이 들어 있지 않다. 그저 책에 실린 사상과 의견을 읽고 정리할 뿐이다.

✣ 독서를 하는 사람은 자신의 생각이나 사상을 다른 사람에게 전달할 수 없다. 그 사람의 사고(思考)는 그 사람의 것이 아닌 모방에 불과하기 때문이다.

그러나 사색을 하는 사람은 자기의 생각을 정리할 수 있으며 책을 집필할 수도 있다. 또한 그는 자기의 생각과 사상을 다른 사람에게 전달할 수도 있다.

❖ 우리가 독서에 몰두하는 것은 자신의 생각과 사상을 더욱 발전시키기 위함이다. 그러나 대부분의 책은 세상의 고통을 일깨우거나 그 사람이 빠질 수 있는 오류의 위험들을 피상적으로 보여줄 뿐이다.
그에 비해 자발적으로 사색하는 사람은 올바른 길로 안내하는 나침반을 준비하고 있는 것과 같다. 그러므로 독서는 우리가 가지고 있는 사상의 샘이 고갈되었을 때만 하는 것이 좋다.

❖ 독서에서 얻을 수 있는 사상은 아무리 고귀한 것이라고 해도 그대의 사색에서 우러나오는 지식보다 못하다.
독서는 그대의 정신 속에서 불타고 있는 사상과 책에서 읽은 다른 사람의 사상을 비교하는 것에 지나지 않는다. 생명력이 있는 꽃은 아름다움과 향기가 있지만, 화석이 된 꽃은 아무리 아름다운 꽃이라고 해도 향기를 풍기지 않는 것과 같다.

❖ 책을 읽은 후에 자신이 가지고 있던 생각을 쉽게 추방한다면, 그 행동은 성스러운 정신에 대한 반역이다.
그런데 어리석은 사람들은 자신의 하찮은 경험이나 약간의 독서로 얻은 지식을 마치 자기의 생각인 것처럼 자랑하거나 떠벌림으로써 만족감을 얻는다.

그리고 그들은 때때로 그 지식들이 정말로 자신의 것이라는 착각에 빠지기도 하는데, 사색의 깊이가 없는 지식은 향기를 지니지 못한 채 오래지 않아 그 정체를 드러내고 만다.

♣ 지나친 독서는 다른 사람의 사상을 머릿속에 강하게 인식시키는 작용을 한다. 따라서 스스로 무엇인가를 창조하려는 사람에게 이런 독서는 매우 위험할 수 있다.

다른 사람의 사상은 다른 세계에 속한 체계이다. 자신과 전혀 다른 색채를 띠고 있는 이런 사상은 자신의 사색과 원만하게 어울리지 못하고 혼란만을 일으킨다. 그리하여 독서는 자신의 고유한 사고의 틀을 파괴할 뿐이다.

♣ 인생에는 여러 갈래의 샛길이 있다. 우리가 힘써야 할 일은 올바른 길을 분명하게 볼 수 있는 능력과 어려운 첫걸음을 시작할 수 있는 힘을 기르는 것이다.

독서로 일생을 보내고 여러 가지 종류의 책에서 지혜를 얻은 사람은 몇 권의 여행 안내서를 읽고서 그 고장에 정통한 것처럼 행세하는 사람과 같다. 이런 사람은 대충 정보를 제공해 줄 수는 있지만, 그 나라의 실제적인 사정에 대해서는 사실 잘 알지 못한다. 그는 상대방이 물어오는 질문들에 몹시 당황하면서 자신의 허점을 가리기에 급급해할 것이다.

그러나 사색으로 일생을 보낸 사람은 실제 여행을 통해서 그 고장에 직접 가 보았기 때문에 자신의 경험을 바탕으로 그곳의 풍습이나 사람들의 습관, 심성, 지리 등을 자세하고 확실하게 전달할 수 있다. 때때로 자신이 봉변을 당하거나 도움을 받았던 경험담까지 곁들이면서 말이다.

자신의 내면으로 들어가 진정한 자아를 만나라
― 명상은 자신을 올바르게 바라보는 능력이다

❖ 현명한 사람은 명상을 통해 자신의 고유한 성품을 유지한다. 명상은 우리 자신의 모습을 올바르게 바라볼 수 있도록 하는 것이다.

과거의 연금술사들은 금을 찾기 위해 물질의 화학 공식을 연구하다가 다른 여러 가지 유용한 물건을 발명했다.

우리도 역시 명상을 통해 쾌락 대신에 지혜를, 행복 대신에 인생의 깨달음을 얻을 수 있다.

❖ 깨달음을 얻은 사람들은 이 세상에서 구할 수 있는 것이 행복이 아니라 지혜라는 사실을 알고 있다.

눈이 착시 현상을 일으키면 똑바른 사물이 삐뚤어져 보인다. 따라서 우리는 세상의 가치를 거꾸로 보는 실수를 저지르지 말아야 한다.

지혜야말로 삶의 구원병이라는 사실을 깨달았을 때 세상의 올바른 가치를 알게 된다.

❖ 어떤 사물을 오랫동안 주시하고 있으면 차츰차츰 눈이 둔감해지다가 나중에는 아무것도 볼 수 없게 된다. 지식도 역시 똑같은 구조를 가지고 있다. 한 가지 사상을 오랫동안 생각한다고 해서 그 사상에 대해 잘 알 수 있게 되는 것은 아니다.

한 가지 사상에 대해 오랫동안 생각할 것이 아니라, 그 사상에 관한 명백한 윤곽을 파악한 후에 그 사상에서 한 발자국 물러나는 것이 상책이다.

우리는 지성이 휴식할 수 있는 시간을 주어야 한다. 휴식을 취하고 나면 현실의 사물들을 더욱 새롭게 볼 수 있기 때문이다. 그뿐 아니라, 그 사물들의 관계와 의미를 더욱 순수하고 심오한 것으로 파악할 수 있게 된다.

❖ 어떤 문제가 발생하면 우리는 그 사건을 해결하기 위해 사색에 잠긴다. 또한 무엇인가 중요한 결정을 내려야 할 때, 우리는 다양한 각도에서 사건을 바라보고 그것에 대한 결과를 예상한다.

그러나 올바른 결정을 내리기가 쉽지 않다. 생각을 많이 할수록 오히려 그 사건의 본질과는 거리가 멀어질 가능성이 크기 때문이다.

문제를 해결하기 위해서는 무엇보다도 문제의 핵심을 파악하는 것이 급선무다.

✤ 배우는 일에 열정을 가지는 것이 좋다. 그러나 아무리 많은 것을 배우더라도 우리가 진정으로 알 수 있는 것은 자신이 사색한 것들뿐이다.

사색은 바람이 불어도 꺼지지 않고 더욱 거세게 타오르는 횃불처럼 그 대상에 대한 관찰이 지속되어야만 가능하다.

지혜로운 사람에게는 사색이 호흡하는 것처럼 자연스럽다.

✤ 그대가 걸어갈 길을 스스로 선택해라. 그리고 그대의 영혼이 보다 창조적으로 고양될 수 있는 그런 경험을 쌓도록 노력해라.

그대에게 주어진 기회를 놓치지 않고 효과적으로 이용하는 것이 지혜로운 삶의 방식이다. 왜냐하면 사색의 도움을 통해 현실의 모습을 충분히 이해할 수 있기 때문이다.

✤ 조급하게 서두르지 마라. 억지로 생각을 짜내기 위해 애쓸 것이 아니라 때가 무르익을 때까지 기다리는 법을 배우는 것이 올바르다. 올바른 결정은 어느 순간에 갑자기 찾아오는 법이다.

사색의 성과는 나무 열매가 무르익는 것처럼 서서히 자라난다. 사색은 단번에 가능한 것이 아니라 단계적으로 이루어지기 때문이다.

사색에 익숙해지면 문제를 올바르게 직시할 수 있게 되고, 이제까지 어렵게 보이던 문제도 훨씬 수월하고 객관적으로 파악하게 된다.

❖ 때를 얻은 침묵은 지혜이며, 그것은 어떤 웅변보다도 낫다.
침묵을 지키는 방법을 알고 있다는 것은 커다란 행운이다.
인간은 인간으로부터 말하는 방법을 배우고, 신으로부터 침묵을 배운다.

❖ 우리는 점차 성장하면서 현실의 세계와 친숙해지기 위해 노력한다. 그리고 이러한 과정을 통해 현실의 참된 모습을 깨닫는다. 이것이 바로 교육의 목적이다.

스스로를 높이지 마라
― 판단과 권위는 다르다

✤ 자기 스스로 결정한다는 것만큼 개체로서 완성도와 독립성을 보여주는 증거는 없다.

판단은 스스로 사색하지 않고서는 불가능하다. 제시된 의견을 비판하고 보완하고 새롭게 정립하는 과정이야말로 사색이라는 직관적 표상의 완성형이라고 할 수 있을 것이다.

판단을 타인에게 의존하지 않고, 타인의 의사를 무조건 수용하지 않는 것. 이것이 바로 인간 정신이 도달할 수 있는 정점이다.

✤ 현명하고 신중한 판단의 중요성은 아무리 강조해도 부족하다. 악행은 저승에서 그 대가를 받지만 어리석은 행동은 현실에서

처벌받는다. 사람의 머리는 사자의 발톱보다 날카로운 무기가 될 수 있다.

자신의 감정을 억제할 수 있는 사람이 진정으로 현명한 사람이다. 현실에서 손해를 입는 사람은 악당이 아니라 신중함과 지각이 없는 사람이다.

세상을 살아가면서 우리가 경계해야 할 점은 자신의 감정과 충동대로 행동하는 것이다.

인간은 신으로부터 다른 동물들이 지니지 못한 이성이라는 선물을 받은 존재이지 않은가.

♣ 판단과 권위를 혼동하지 마라.

권위를 존중하는 것은 스스로 판단하거나 생각할 능력이 없는 사람들만이 하는 행위다.

세상 사람들은 어려운 문제에 부딪혔을 때 권위를 따르면서도 스스로 판단한 것처럼 의기양양하게 군다. 권위를 갖춘 말을 인용했을 뿐이면서 마치 자신이 직접 고안해 낸 결론인 것처럼 스스로를 속이곤 한다.

어리석은 사람은 자신이 만들어놓은 틀 속에 갇힌 채 그곳에서 허우적거리는데, 그러한 틀은 권위와 편견이라는 다른 틀을 만들기 마련이다.

그러나 현명한 사람은 자신의 세계를 활짝 열어놓는다. 그들은 어떤 일에도 성급하게 뛰어들지 않으며 논리적이고 침착한 태도로 그 일을 객관적으로 관찰한다.

❖ 어리석은 사람은 문제를 해결하는 데 지나친 열의와 성급한 태도를 보인다.

그렇기 때문에 그들은 세상에 돌아다니는 권위 있는 말을 인용하기를 좋아한다. 그들은 자신의 이해력이나 통찰력 대신에 다른 사람의 말이나 생각을 동원하면서 마음속으로 커다란 기쁨을 느낀다. 그들은 자진해서 복종을 선택하고, 자기 자신이 스스로 명령하기를 거부한다.

어리석은 사람이 논쟁할 때 즐겨 사용하는 무기는 바로 권위이다. 그들은 권위라는 무기를 가지고 서로 싸움을 벌인다. 어리석은 사람들은 이미 모든 생각이 굳어 있기 때문에 상대방의 의견을 받아들이지 않는다.

❖ 현명한 사람은 다른 사람과 대화를 나눌 때, 자신을 그 사람의 수준에 맞도록 낮춘다. 그는 자신의 훌륭한 자질을 상대방에게 내세우지 않는다.

그러나 어리석은 사람은 그런 사실을 조금도 깨닫지 못한다. 오히려 상대방보다 자신을 높이기 위해 노력한다.

✣ 다른 사람의 의견에 대해 반박하지 마라. 그 사람의 머릿속에 들어 있는 모순과 부조리를 바꾸는 일은 우리가 아무리 오래 산다고 하더라도 거의 불가능한 일이다. 어리석음의 강에서 헤어나는 것은 쉬운 일이 아니기 때문이다.

다른 사람과 대화를 나눌 때는 그것이 호의적인 동기에서 비롯된 것일지라도 상대방을 비난하는 말은 삼가라. 다른 사람의 마음을 움직이는 일보다 잘못을 바로잡는 일이 더욱 어렵기 때문이다.

✣ 말은 사상의 표현이다.
깊은 지혜를 담고 있으면 생각을 나타내는 말은 더욱 단순해진다.

✣ 아름다움은 우리에게 행복을 안겨주는 직접적인 요소가 아니지만 간접적인 요소는 될 수 있다. 아름다움은 다른 사람의 마음을 끌어당길 수 있는 일종의 추천서와 같으니까 말이다.

✣ 강렬하고 지속적이며 열정적인 영혼을 지니고 있을 때, 우리는 영원한 아름다움을 간직할 수 있다.

✣ 그대의 의견을 다른 사람에게 이해시키려고 한다면, 어떠한 경우라도 흥분하지 마라.
지성의 본질은 냉정이기 때문에 자신의 의견을 말하면서 감정적으로 흥분하게 되면 상대방은 그것을 과장이나 허위라고 생각할 것이 분명하다.

✤ 우리가 다른 사람을 신임하는 것은 주로 태만과 허영심과 이기심에서 비롯된다.

자신은 꼼짝도 하지 않으면서 다른 사람에게 일을 시키는 것은 태만이고, 다른 사람을 신임함으로써 자신이 훌륭한 인격을 가진 것처럼 보이려고 한다면 그것은 허영심이다.

어떤 목적을 위해, 다른 사람을 신임함으로써 무엇인가를 얻으려고 하는 것은 어떤 상황에서도 잘못된 일이다.

좌절의 경험을 자신만의 역사로 만들어라
– 책은 종이로 만들어진 인류의 기억이다

❖ 다양한 경험을 쌓는 일은 매우 중요하다. 경험은 우리의 삶에 유익함과 지혜를 안겨주기 때문이다.

그러나 모든 경험이 우리에게 유익한 것은 아니다. 경험하지 않아도 좋은 일들을 뇌리에 각인하거나 마음에 깊은 상처를 간직한 채 인생을 살아갈 수도 있기 때문이다.

간접적인 경험을 할 수 있는 책도 역시 조심스럽게 골라야 한다. 우리에게 필요하고 유익한 것을 선별할 수 있을 때, 그 사상을 진정한 자신의 것으로 만들 수 있다.

❖ 좌절을 경험한 사람은 자신만의 역사를 갖게 된다. 그리고 인생

을 통찰할 수 있는 지혜를 얻는 길로 들어선다.

강을 거슬러 헤엄치는 사람만이 물결의 세기를 알 수 있는 것과 마찬가지이다.

❖ 인간의 지식은 종이로 만들어진 인류의 기억이라고 할 수 있는 책 속에만 존재한다.

우리의 머릿속에 존재하는 지식은 한정된 매우 적은 부분이다. 인간은 쾌락을 좋아하고 나태해서, 수많은 지식 중에서도 자신이 사용할 수 있는 것만 손에 넣고 곧 죽어가기 때문이다.

❖ 인류의 기억을 영속시키는 것은 오직 도서관뿐이다. 개인의 기억은 그야말로 한정되어 있고 불완전하다. 그래서 학자들은 자신의 지식을 검수받는 일을 좋아하지 않는다. 상인들이 자신의 장부를 점검받는 것을 싫어하는 것과 같은 이치다.

❖ 인간의 지식은 그야말로 방대해서 우리가 알아야 할 것 가운데 천분의 일이라도 알고 있는 사람은 단 한 명도 없다.

지식이 방대해져서 학문의 범위가 넓어짐에 따라 학자들은 다른 분야는 신경 쓰지 않고 오로지 자신의 관심 분야만을 연구할 수밖에 없게 되었기 때문이다.

이로 인해 학자들은 자신의 전문 분야에서는 일반인의 위에 서게 되지만, 나머지 분야에서는 일반인과 똑같은 수준에 머물 수밖에 없다.

❖ 전문 분야에만 매달리는 학자는 공장 노동자와 별반 다를 것이 없다. 어떤 특정 기구나 기계에 사용되는 공구를 만드는 일에만 일생을 바치기 때문이다.

또한 전문 분야의 학자는 집에만 있으면서 전혀 외출을 하지 않는 사람과도 같다. 집 안에만 있는 사람은 마치 빅토르 위고의 작품 속에서 꼽추 콰지모도가 노트르담 사원을 훤히 꿰뚫고 있는 것처럼, 집 안에 있는 것들에 대해서는 훤하지만 한 발짝만 밖으로 나가면 모든 것이 생소하고 낯설기만 하기 때문이다.

❖ 하지만 좀 더 높은 의미의 학자에게는 어느 정도의 박식함이 필요하다.

마찬가지로 철학자는 머릿속에 동서고금의 지식을 개괄하고 있지 않으면 안 된다. 철학자는 세계 곳곳의 지식을 집합해야 하는 사람이기 때문이다.

최고의 정신을 소유한 사람은 지식을 갖추고 있을 뿐 아니라 생존 전체의 문제를 꿰뚫고 있으며, 또한 이 문제에 대해 어떤 형태로든 인류에게 해답을 제시한다. 이른바 '천재'는 사물의 본질적이고 보편적인 측면을 주제로 다루는 사람이지, 사물 간의 특수 관계를 정리하는 데 일생을 바치는 사람은 아니라는 뜻이다.

✤ 요즘 세상은 꿈틀거리는 벌레 같은 '인간쓰레기'들이 널리 지배하고 있다.

이 인간쓰레기들은 예외적인 인간이 숙고 끝에 내뱉은 발언을 언제나 민첩하게 멋대로 바꿔서 사용한다.

따라서 사색하는 인간, 정당한 판단력을 지닌 인간, 진지하게 사건을 문제 삼는 인간이 한 발언이 아니라면, 그들이 내뱉은 말에 귀 기울이거나 시비를 걸 필요조차 없다.

바보나 성자가 아니라면, 냉소와 폭력과 타락으로 가득 차 있는 세상을 긍정적인 시선으로 바라보려는 사람은 아무 데도 없을 테니 말이다.

죽음을 준비하며 살아라
- 죽음의 준비는 더 나은 삶을 살려고 노력하는 것뿐이다

❖ 만물의 덧없음, 허무함 같은 성질을 의식하면 의식할수록 사람은 자기 자신의 내적 본질의 영원성을 좀 더 확실히 자각하게 된다. 본질과 대비하는 것에 의해서만 사물의 성질이 인식되기 때문이다.
　이는 우리가 타고 있는 배의 속도를 알려면, 움직이는 배가 아니라 움직이지 않는 해안을 봐야 알 수 있는 것과 같은 이치다.

❖ 죽음이 두려운 까닭은 공허와 암흑을 떠올리게 만들기 때문이다. 그리고 우리가 공허와 암흑을 두려워하는 까닭은 도처에 흩어져 있는 우리의 삶을 제대로 돌아보지 못하기 때문이다.
　육체적 죽음은 공간에 속한 육체와 시간에 대한 인지는 소멸시키지

만 삶을 이루는 기반, 즉 세계와 존재 사이에 이룩된 특수한 우정은 깨뜨리지 못한다.

✤ 더 나은 삶을 살려고 노력하는 것, 우리가 할 수 있는 죽음의 준비는 오직 이것뿐이다.

두려움과 아쉬움과 남겨진 자들에 대한 걱정으로 죽음의 눈치만 보던 우리가 당당하게 죽음과 대면하여 공포도, 후회도, 근심도 없음을 확인시켜 주는 것. 아울러 보다 나은 삶이 우리를 죽음으로부터 지켜주는 유일한 보호막임을 기억하는 것. — 이러한 것들이 죽음이라는 숙명을 좀 더 의연하게 받아들일 수 있게 해준다.

✤ 약간 떨어진 곳에서 바라보면 매우 아름답게 보이는 그림도 아주 가까운 거리에서 바라보면 실망하게 되는 경우가 적지 않다. 무질서하고 때로는 추하게까지 보이는 물감들이 마구 칠해져 있기 때문이다.

어떤 일을 실행하는 과정에서도 이러한 일을 경험하곤 하는데, 우리는 때때로 진행하던 일이 마무리 단계에서 처음 생각했던 것과는 전혀 다른 결과가 나와 당황하기도 한다.

✤ 베토벤의 교향곡은 외면적으로는 어지럽고 복잡해서 듣는 사람에게 혼란을 일으키기도 하지만, 그 음악 속에는 놀라운 균형이 스며

들어 있다. 그래서 우리는 교향곡을 들으면서 마음의 평화와 안정을 느끼려고 하는 것이다.

웅장하고 아름다운 음악은 비록 형태는 없지만 순결 무구한 천상의 모습도 그려낼 수 있고, 우리의 정신을 맑게 정화하기도 한다.

정신의 모든 오물을 씻어 버리고 사악한 요소들을 제거할 수 있다는 의미에서 음악은 우리의 영원한 꿈이다.

4장

사랑은 또 왜 이렇게 어려운가?

사랑한다면, 고통과 불행으로 가득 찬 삶을 견뎌라
― 사랑은 세상을 지탱하면서 견디게 하는 힘이다

✿ 사랑은 영원한 생존에 대한 의지의 발현이다. 우리의 사랑은 새로운 생명의 탄생을 통해 계속 이어진다. 새로운 생명을 존속시키려는 의지 앞에서는 죽음도 그 힘을 잃는다.

우리의 인생은 궁핍과 걱정에 사로잡혀 있으면서도 끊임없이 욕구를 충족시키려 하며 불행을 피하기 위해 모든 힘을 기울이고 있다.

우리는 세상이 고통으로 가득 차 있음을 알면서도 생존의 순간이 조금이라도 더 유지되기를 원한다.

이러한 혼란의 소용돌이 속에서 두 남녀가 서로 애정의 시선을 교환하고 있는 것이다.

우리가 끊임없이 누군가를 사랑하고 있다면 인류의 생명은 영원히 이어질 것이다. 사랑은 우리가 살아 있음을 나타내는 영원한 상징이기 때문이다.

✿ 사랑은 인생에서 가장 소중하며 유일한 것이다.
사랑은 혹독한 겨울에도 장미꽃을 피우는 힘이 있다.

✿ 사랑의 힘은 그 사랑을 가로막는 어떠한 장애도 물리칠 수 있다. 그 힘은 사랑을 위해 자신의 목숨까지도 아낌없이 내던지는 용기를 발휘하기도 한다.
어떤 사람들은 모든 열정과 시간을 바친 사랑이 이루어지지 않으면, 스스로 자신의 생명을 포기하기도 한다. 어리석은 일이지만, 사람으로서 동원할 수 있는 마지막 수단을 통해 사랑의 실패를 위로받으려 하는 것이다.

✿ 우리가 삶을 살아내고 있는 궁극적인 목적은 무엇일까? 고통과 불행으로 가득 찬 삶을 견딜 수 있도록 하는 근원적인 힘은 과연 무엇인가?
그것은 바로 사랑이다. 사랑은 우리가 세상을 지탱하면서 견디게 하는 힘이 되어왔다.
그 사랑은 인간에게 용기와 무한한 힘을 주었으며, 과거는 물론 미래에 이르기까지 인간의 삶을 지배하고 있다.

지금 당신이 어려운 삶을 견디고 있는 것도 누군가에 대한 사랑 때문이 아닌가?

✿ 개성은 다른 사람이 지니고 있지 못한 나만의 독특한 성격이다. 그런 개성이 어디에서 기인하는가를 설명하는 것은 간단하지 않다. 그러나 사랑의 힘이라는 열쇠를 생각한다면 이 문제는 의외로 쉽게 해결된다.

사랑은 전혀 다른 개성을 가지고 있는 두 사람을 서로 끌어당긴다. 사랑의 정열은 어느 누구에게나 잠재적인 형태로 숨어 있고, 그 정열이 외부로 드러날 때 우리는 사랑에 빠지게 된다.

생명의 시발점은 연인이 사랑을 속삭이기 시작한 바로 그 순간에 비롯된다. 이러한 사랑 속에서 잉태된 생명의 성격은 두 사람이 만든 정열에 따라 독특하게 발현된다.

✿ 사랑은 명예를 대신하여 인생의 결정적인 역할을 담당한다. 명예와 의무와 충성을 지키기 위해 온갖 유혹과 죽음의 위협을 물리칠 수 있었던 사람도 사랑 앞에서는 무릎을 꿇는다.

사랑의 힘이 작용하게 되면 우리는 일상생활에서 벌어지는 모든 일을 순순히 받아들일 수 없게 된다. 정직하고 의지력이 강한 사람도 강에 뛰어들기 때문이다.

그들은 다른 사람이 자신을 멸시해도 신경 쓰지 않는다.

❀ 사랑은 모든 것을 변화시킬 수 있다. 사랑은 죽음과 삶을 초월하며 기적을 일으키기도 한다. 사랑은 마치 태풍과 같아서 그것이 지나가고 나면 아름답게 자리 잡고 있던 모든 것들이 사라지고 만다.

그러나 그 사랑을 누가 거절할 수 있겠는가? 사랑은 당신 자신이 선택할 수 있고 만들어 갈 수 있는 것이라는 사실을 기억해라.

사랑은 때때로 우리가 선택도 하지 않고 준비도 하고 있지 않았을 때 갑자기 나타나서 우리를 당혹스럽게 만든다.

❀ 사랑의 불길은 다른 모든 종류의 정열을 능가한다. 그 누구도 사랑에 쏟아붓는 열정보다 더 큰 열정을 다른 일에 쏟지 못한다.

사랑이 사업상의 성공이나 우정 혹은 취미와 같은 다른 모든 일보다 더 큰 위력을 발휘하는 것은 이런 이유 때문이다.

❀ 사랑은 불가능하다고 믿던 일을 가능하게 만드는 기적의 힘을 가지고 있다. 그 기적의 힘이 현실로 우리 눈앞에 펼쳐질 때 우리는 감동의 눈물을 흘린다.

사랑의 힘으로 역경을 극복한 사람들을 보면서 우리가 미소 짓는 이유는 사랑이 우리에게 위대한 감동과 힘을 보여주었기 때문이다.

❀ 사랑의 진실은 우리에게서 멀리 떨어진 곳에 있다. 그러나 또한 우리 곁에 숨어 있을 때도 있다.

사랑은 항상 새롭고 신선하다. 그렇지만 사랑이 누구에게나 새롭고 신선하게 다가오는 것은 아니다.

사랑은 이 세상 어디에나 숨어 있지만 모든 사람을 찾아가지는 않는다. 그러므로 사랑은 치열하게 싸우는 과정을 통해 얻어내야만 한다.

사랑을 찾기 위해 서로의 따스한 어깨를 만질 때, 사랑은 비로소 우리에게 그 모습을 드러낸다.

✿ 우리의 다른 본능처럼, 사랑 또한 환상의 옷을 입고 나타나는 경우가 많다.

사랑하는 사람이 다른 사람들보다 멋있고 아름답게 느껴지는 것도 환상의 거울에 비친 모습을 보고 있기 때문이다.

우리는 사랑하는 사람과 맺어질 수만 있다면 영원히 행복할 수 있을 거라고 생각한다.

세상은 한없이 아름답다. 사랑에 빠지면 모든 것들이 기쁨과 넉넉함으로 다가오고, 사랑의 환상은 짜릿하면서도 도발적인 모험처럼 극적이기 때문이다.

✿ 우리 삶 중에서 가장 시적(詩的)이며 아름다운 삽화는 바로 사랑이다.

사랑에 빠지면 그 사람의 행동은 완전히 달라진다. 모든 일에 적극적이고 긍정적인 태도를 보이며 항상 들떠 있게 된다. 그것은 사랑이 삶에 대한 의욕을 불러일으켜 주기 때문이다.

　사랑의 비밀 속에는 일종의 장막이 있어서, 사랑하는 사람들은 연인의 사랑을 받을 수만 있다면 무한한 행복이 찾아올 것으로 굳게 믿는다.

　✿ 사랑은 마치 물과 같아서 언제나 목적을 달성한다.
　물은 어떤 상황에 처하더라도 그 종착지인 바다에 반드시 도달하지 않는가. 사랑도 마찬가지이다.

사랑을 비교하거나 눈으로 확인하려 하지 마라
― 사랑의 가치는 희생에서 탄생한다

✿ 수많은 사람이 사랑에 대해 말하지만 정작 사랑을 실제로 본 사람은 아무도 없다.

그래서인지 사랑의 현실성과 자연성을 부정하는 사람들도 있다. 하지만 그것은 커다란 잘못이다. 눈으로 확인할 수 없다 해도 사랑은 지금도 여전히 이 세상에 존재하기 때문이다.

그래서 모든 시대의 천재 시인과 작가들은 끊임없이 사랑을 묘사했다. 사랑이 없다면 이 세상에는 그 어떠한 예술적 아름다움도 존재할 수 없을 것이다.

사랑의 가치는 이 세상 그 무엇보다도 소중하고 아름답다. 그러나 소중한 만큼 사랑은 우리의 눈을 컴컴하게 만들기도 한다.

사랑은 유령처럼 그 모습을 드러내지 않는다. 스쳐 가는 바람처럼 그 존재의 느낌만을 우리에게 전해줄 뿐이다.

이렇듯 확실히 보이지 않는 것이기에 사람들은 더욱더 사랑에 목말라하고, 예술가들은 그 모습을 그리기 위해 자신의 영혼을 갈아 넣으며 혼신의 노력을 기울인다.

그러나 사랑이 아무 때나 손쉽게 눈앞에 드러나는 거라면, 수많은 사람이 그토록 오랜 세월 동안 그렇게 찾아 헤매지는 않았을 것이다.

실체가 없는 것이기에, 사랑은 희귀한 보석처럼 세상 어느 곳에서나 빛나고 있는 것이 아닐는지…….

❀ 사랑의 가치는 사랑에 빠진 사람들이 보이는 진지하고 열렬한 태도에서 비롯된다고 해도 과언이 아니다.

모든 연애 사건의 궁극적인 목적은 자기 존재의 회복이라고 할 수 있다. 그 사랑이 비극으로 끝나거나 희극으로 끝나거나 간에 사랑은 인생의 여러 가지 목적 중에서 가장 엄숙하고 신중한 것이기 때문이다.

이처럼 자기 존재의 모든 것이 달린 일이기에 우리는 사랑에 열중할 수밖에 없는 것이다.

❀ 사람들은 사랑이라는 엄숙한 주제를 너무나 단순한 것으로 생각한다.

그런 나머지 사랑이 운명적으로 다가오기를 기다린다. 그리고 적극적이기보다는 수동적으로 사랑을 한다. 사랑을 얻기 위해 내가 먼저 무엇인가를 헌신하지 않아도 언젠가는 그 사랑이 저절로 다가올 거라는 환상을 믿고 있기 때문이다.

그러나 사랑을 수동적으로 기다리면 비극적이고 불행한 삶을 만들 뿐이다. 사랑은 수동적으로 기다리는 과정에서는 생성되지 않기 때문이다. 사랑은 언제나 능동적이다.

✿ 슬픔에 잠기는 것이 부끄러운 일이라고 생각하는 영웅도 사랑의 슬픔만큼은 억제하지 못한다.

영웅은 사랑을 위해 자신의 승리를 포기하기도 한다. 사랑은 이 세상의 다른 어떤 가치보다도 소중한 것이기 때문이다.

✿ 인간이 과거의 행복했던 순간들을 기억하고, 그 기억을 오랫동안 음미할 수 있다는 사실은 대단히 경이로운 능력이다.

우리는 시나 소설에서 사랑하는 연인이 사랑을 지키기 위해 누군가의 방해를 극복하는 장면을 읽으면 흥미를 느끼면서 크게 감동한다. 사랑을 위해 고난을 극복하는 과정은 세상의 다른 어떤 일보다도 고귀하고 값진 것이기 때문이다.

그런 이유로 거의 모든 시나 소설에서 기본적인 주제로 삼고 있는 것이 있는데, 그것은 사랑하는 연인이 행복을 위협당하는 상황이다.

그리고 대부분의 경우에 연인의 사랑은 매장당하는 것이 아니라 더욱 아름답게 피어나는 것으로 묘사된다.

✿ 사랑을 위해 자신을 희생할 수 있는 사람은 진정으로 위대하다. 사랑의 가치는 바로 이 희생에서 탄생한다.

그러나 때때로 사랑은 연인에 대한 증오심과 결합하기도 한다. 이런 경우에 생기는 증오심은 버리기가 몹시 힘들다. 사랑이 깊은 만큼 증오심도 깊어지기 때문이다.

✿ 우리가 취해야 할 바람직한 삶의 자세는 다른 사람을 내 방식대로 움직이는 것이 아니라, 나 자신의 삶을 보다 건전하게 발전시키는 것이다.

가장 훌륭한 사랑의 유형은 서로 생명을 줄 수 있는 사이라고 할 수 있다. 생명을 나누는 사랑의 가치를 그 어떤 것과 비교할 수 있겠는가.

✿ 사랑은 이루어지면 행복하고, 이루어지지 않으면 불행한 것일까?

그러나 이것은 사랑에 대한 본질적인 문제가 아니다.

사랑은 넓게 생각하면 인류의 생존과 계승에 관한 문제라고 할 수 있다. 이와 맞물려서, 개인이 갖는 사랑에 대한 의지를 사회적인 시각으로 바라보면 종족에 대한 의지이다.

　사랑은 우리에게 안겨주는 감동만큼이나 숭고한 일면을 지니고 있다. 그러나 사랑은 환희와 고뇌를 동시에 선물한다.

　시인들이 수천 년 동안이나 사랑을 묘사하면서 전혀 싫증을 느끼지 않았던 것은 사랑보다 흥미롭고 감각적인 주제를 찾을 수 없었기 때문이다.

　사랑은 사랑 그 자체만으로 충분한 가치를 가진다. 사랑의 가치는 그 어떤 것과도 비교할 수 없다. 그 사실을 깨닫는 사람만이 완벽하고 진실한 사랑을 경험할 수 있을 것이다.

상대를 사랑하지 않으면서 사랑받으려고 하지 마라
― 남녀 간의 사랑은 무조건적인 것이 아니다

❀ 사랑은 미궁 속에서 그 날개를 펴고 있다. 그 미궁은 안으로 들어가면 두 번 다시 돌아 나오지 못한다. 사랑은 이성이 아닌 감성의 영역에 속한 것이기 때문이다.

이성적 사고로써 사랑을 받아들일 수 있다면 우리는 사랑에 대해 얼마든지 분석할 수 있을 것이다. 그러나 현실적으로 그런 일은 거의 불가능하다. 사랑은 이성이 결정할 수 없는 그 무엇이기 때문이다.

❀ 타인을 사랑하지 않으면서 사랑을 받으려고만 한다면 그 바람은 결코 이루어지지 않을 것이다.

마찬가지로, 타인을 순수하게 사랑하지 않으면서 조건 없이 사랑받기를 바라는 것 역시 어불성설이다.

　비극이나 희극, 낭만주의 시대나 고전주의 시대, 아시아나 유럽을 막론하고 시인들이 작품에서 한결같이 다루어 온 주제는 남녀 사이의 애정이다. 그만큼 남녀 사이의 사랑에는 서정시의 주제가 될 만한 다양한 감정이 담겨 있기 때문이다.

　대부분의 문학작품 내용을 보면, 사랑과 정열의 깊이를 저마다 다른 방식과 다른 시각으로 기술한 것만 차이가 있을 뿐 인간이 가질 수 있는 감정의 미묘함은 대동소이하다. 그 대표적 작품으로 『로미오와 줄리엣』, 『좁은 문』, 『젊은 베르테르의 슬픔』 등을 들 수 있다.

　지금도 불멸의 명성을 얻고 있는 작가들이 사랑을 주제로 한 작품을 쓰고 있는 것은, 사랑을 통해 어떤 식으로든 자신을 드러내고 싶어 하는 인간의 욕구를 보여주는 증거가 아닐까 싶다.

✿ 로미오와 줄리엣, 베르테르, 테스와 같은 인물들은 소설 속에만 존재하는 것이 아니다. 그들은 우리 시대에도 존재한다.

　우리는 신문이나 방송 매체를 통해 그러한 사실을 접하게 된다. 사랑을 위해 죽음을 선택하는 사람들은 이 세상에서 홀연히 사라진다. 그들이 겪었던 고뇌의 흔적은 지나간 신문이나 잡지에만 남아 있을 뿐이고, 사랑을 위해 선택한 그들의 죽음은 동사무소 호적 담당 직원의 손에서 신속하게 처리된다.

　그러나 그들은 이 세상에서 사라지는 것과 동시에 사랑이라는 이

름으로 이 세상에 영원히 살아남게 된다. 그런 그들의 갈등과 고통이 세상 사람들에게는 한낱 불장난이나 치부 정도로 비추어질 수도 있지만, 사랑을 위해 외롭게 투쟁하는 사람들에게는 진정한 사랑을 위해 선택한 그들의 죽음이 구원의 빛으로 살아 있기 때문이다.

하지만 그들의 죽음이 희망의 빛으로 살아남는 일은 극히 드물다.

✿ 서로 사랑하는 것만으로도 최고의 행복을 누리고 있다고 확신하는 두 사람이 있다고 하자. 그러나 사랑 때문에 최고의 행복을 느낀다고 하더라도, 대부분은 주위의 환경이나 사람들의 반대에 부딪힐 경우 용감하게 일어나 사회의 폐습을 끊어버리지 못한다. 그들은 그저 모든 굴욕을 달게 받으면서 살다가 인생을 마감하는 방법을 선택한다.

그러나 죽음은 사랑의 완성이 아니다. 절망에 빠진 나머지 최후 수단으로 선택할 수는 있겠지만, 죽음은 이 세상에서의 행복을 포기하는 일이라는 사실을 명심해라.

사랑은 행복해지기 위해서 우리가 받아들이는 것이다.

✿ 사랑은 항상 인류에게 새로운 과제였다.

지금까지 사랑에 대하여 가장 큰 관심을 기울였던 철학자는 플라톤이다. 플라톤은 『향연』과 『파이드로스』에서 사랑에 대한 문제를 논하고 있다. 그러나 플라톤이 사랑의 문제에 대해 말한 내용은 신화와 우화 그리고 비유의 영역에서 벗어나지 못하고 있다.

루소도 『불평등 기원론』이라는 저서에서 사랑에 대해 언급했지만, 그의 견해에는 오해의 여지가 많았다.

사랑에 대한 칸트의 이론은 『미와 숭고한 감정에 대하여』에 기록되어 있다.

반면 스피노자의 사랑에 대한 정의는 매우 소박하면서도 강렬한 인상을 준다. 그는 이렇게 말한다.

"연애는 외부적인 원인이 관념에게 안겨주는 쾌락이다."

그러나 사랑을 정확하게 정의할 수 있는 사람이 있을까?

그것은 후세에도 불가능할 것이다. 사랑의 가치는 너무나 크고 다양해서, 그 누구도 완전한 의미와 가치를 깨닫지 못할 것이기 때문이다.

✿ 사랑은 우리가 미처 예상하지 못하고 있을 때, 갑자기 우리의 내부로 들어온다. 우리의 삶은 사랑의 지배를 받고 있다고 해도 틀린 말이 아니다.

사랑은 형이상학적이며 절대적인 요소를 가지고 우리에게 다가온다. 특히 남녀 간의 사랑은 이성적인 요소를 많이 내포하고 있다.

지금 내가 사랑하는 여인이 그녀가 태어난 해보다 18년 전에 일찍 태어났다고 해도, 나는 그 여인을 지금처럼 사랑할 수 있을까?

남녀 간의 사랑은 무조건적인 것이 아니다.

✿ 어떤 일에 열중하고 있는 사람이 사랑에 빠지게 되면 그 사람은 자신이 열중하고 있던 일을 너무나 쉽게 포기해 버린다. 때에 따라서 사랑은 세상을 보는 지혜에 혼란을 가져오기도 하고 시끄러운 사건을 일으키는 원인이 되기도 한다.

사랑은 가까운 친구 사이의 의리와 우정도 배반하도록 만든다. 맹세의 서약도 사랑 앞에서는 보잘것없는 것으로 변하고 견고한 사슬도 끊어져 버린다.

사랑은 때때로 수많은 사람을 희생시키고 생명과 건강, 재산, 지위, 행복 등을 한순간에 빼앗기도 한다. 그런가 하면 사랑은 정직한 사람을 거짓말쟁이로, 충신을 반역자로 바꾸기도 한다.

✿ 사랑은 우리를 지배하는 영원한 폭군이다. 어떤 사람을 깊이 사랑하면서 동시에 그 사람을 존경하는 일은 거의 불가능하다.

그러므로 우리는 다른 사람의 사랑을 받기 위해 노력할 것인가, 아니면 다른 사람의 존경을 받기 위해 노력할 것인가를 선택해야 한다.

✿ 우악스럽고 억세고 미련한 남자가 교양 있고 고상하며 사고력이 풍부하고 우아한 여자의 흠모를 받는 경우가 있다. 반면, 고난도의 지식을 요구하는 학자로 명성을 떨치는 남자가 단순하고 머리가 나쁜 여자에게 꽂히기도 한다.

그것은 사랑 때문에 가능한 일이다. 사랑은 이성이 아니라 감정에 의해 만들어지는 것이기 때문이다.

전혀 어울릴 것처럼 보이지 않는 사람들이 사랑하는 일, 이성적으로는 납득되지 않는 처지의 사람끼리 서로를 아끼는 일, 그것은 사랑이 우리에게 보여주는 위대한 선물이며 기쁨이다.

✿ 사랑의 힘 앞에서 굴복하지 않는 것은 아무것도 없다. 그런 커다란 힘을 지니고 있기에 사랑은 세상에서 가장 의미 있고 아름다운 것일 수 있다.

그러나 사랑은 한 사람의 인생을 망쳐 버리기도 하고, 세상을 살아가는 데 가장 필요하고 중요한 지혜와 의지를 꺾어 버리기도 한다.

우리는 사랑을 얻는 대신에 때때로 자신의 소중한 그 무엇을 잃어버리기도 한다는 사실을 간과하지 말아야 한다.

사랑에 빠졌더라도 서로의 차이는 잊지 마라
− 이성 간의 사랑은 상호보완적인 성격을 지닌다

❀ 모든 연애 사건은 인류의 생존에 대한 진지한 성찰이다. 이 세상에 사랑이 더 이상 존재하지 않는다면 우리는 지금 이 순간부터 멸종의 길을 걷게 될 것이다.

지금 우리가 살고 있는 시대는 이전 세대의 사랑에 전적으로 의존하고 있으며, 미래의 세대는 우리의 사랑에 의존하고 있다.

❀ 사랑과 성욕은 아주 밀접한 관계에 놓여 있다. 사랑하는 사람들은 자기의 다음 세대를 만들기 위해 노력한다.

사랑을 통해 우리는 우리의 삶을 지속시켜 나가는 새로운 생명을 잉태할 수 있다. 그것은 신이 인간에게 내린 가혹한 형벌이자 축복이다. 불행으로 가득 찬 삶을 살아가는 것과 동시에 사랑으로써 그 불행을 견딜 수 있게 하는 두 가지 길을 신이 인간에게 내려준 것이다.

그리고 우리는 우리가 선택한 사랑의 방식과 정열의 정도에 따라 우리의 후손을 만들어 간다.

✿ 때때로 우리는 자신이 가지고 있는 결함과 정반대의 성격을 가진 결함을 상대방으로부터 찾아내서 그것을 아름다운 것으로 생각하기도 한다.

키가 작은 남자는 키가 큰 여자를 좋아하고 피부가 하얀 사람은 피부가 검은 사람을 좋아한다. 남자는 자기와 어울리는 아름다운 여자를 발견하면 미칠 듯한 애정을 느낀다.

그리고 그 여자와 결혼했을 때 누리게 될 행복한 모습을 환상으로 그리게 된다. 그것은 아름다운 이성을 통해 자기 자신을 보다 완전하게 유지하려는 욕구에서 나온 것으로, 본능에 의한 자연스러운 발로이다.

인간은 불완전하며 항상 불행에 빠져 있다. 그런 이유로 인간은 자신의 불완전함을 보완하려는 욕구를 갖고 있다. 불완전함은 불안과 위험을 동시에 가져오기 때문이다.

이성(理性)을 통해 불완전함을 완전함으로 바꾸려는 것은 사랑의 아름다운 산물이기도 하다.

❀ 남녀의 사랑은 성적 본능에서 비롯되는 경우가 많다. 성욕은 자기 보존의 본능과 함께 우리 생활에 가장 강렬하게 작용하는 본능 가운데 하나이다.

우리의 모든 행위를 가장 활동적으로 만드는 요소 중 하나인 성욕은 청춘기에 있는 거의 모든 사람의 정력과 열정을 끊임없이 자극한다.

성욕의 영향은 너무나 대단해서 인생의 목표를 성욕을 만족시키는 것으로 정하는 사람까지 있을 정도이다.

❀ 남성이 육체적인 결함을 가지고 있더라도 여성은 생식을 통해 그 결함을 보충할 수 있다. 또한 남성은 여성의 도움으로 후손을 얻으면서 자신의 결함을 교정할 수 있다.

여성은 남성의 고유한 특질을 사랑한다. 남성적인 골격 구조, 넓은 어깨, 곧은 다리, 근육의 힘, 수염, 용기 등은 남성의 특질이다.

이성 간의 사랑은 상호보완적인 성격을 지닌다. 내가 누군가를 사랑하는 것은 내가 상대방에게 원하는 사랑을 확인하는 것이다.

❀ 사랑은 우리의 생존방식과 밀접한 관련이 있다. 우리의 사랑은 성욕이라는 통로를 통해 미래의 후손들과 연결된다. 미래의 후손을 만들려고 하는 우리의 본능은 사랑하는 사람에 대한 찬미라는 구름 안에서 진정한 모습을 감추어 버린다.

연인에 대한 찬사가 아무리 훌륭한 것이라고 해도 그 찬사의 최종적인 목적은 자신의 후손을 만들어내는 일이라는 사실을 명심해라.

그것은 연애가 결국은 상대방을 자기 소유로 하려는 것에 지나지 않는다는 사실을 보더라도 충분히 이해할 수 있는 일이다.

남녀 간의 사랑은 다른 사랑에 비해 이기적이며 육체적이다. 이러한 사랑은 타인을 생각하는 동시에 자신의 이기를 앞세우는 양면성을 드러낸다.

따라서 이성 간의 사랑에는 끊임없는 확인 작업이 필요하다. 그런 만큼 서로를 바라보면서 사랑을 의식해야 하고, 내가 주는 만큼 받는 것이 있어야 유지될 수 있다.

✿ 성욕이 감각적인 쾌락에 그치는 것이라면 아름답다거나 추하다고 하는 외면적인 모습은 아무런 문제도 되지 않을 것이다. 성욕을 해소할 수 있는 대상이 이성이라면 그 누구라도 가능하기 때문이다.

그러나 우리는 사랑을 통해, 아름다움이 없는 연애는 하나의 진절머리나는 성적 욕구에 불과하다는 것을 너무나 또렷이 알게 된다.

✿ 사랑에 빠진 사람이라도 성욕을 만족시키고 나면 사랑이 씌운 미혹에서 빠져나오게 된다.

그는 자신이 그렇게 열망하던 것이 순간적인 쾌락에 불과했다는 사실을 알고 몹시 당혹스러운 표정을 짓는다. 그리고 그때부터 깊은 실의에 빠진다.

✿ 남자는 사랑을 하면서도 한눈을 팔지만 여자는 한 번 사랑하면 그 사랑에 몰두한다.

남자의 사랑은 성교를 마친 순간부터 현저하게 감소한다. 그리고 나중에는 자기 손에 넣은 여자보다 다른 모든 여자를 아름답다고 생각하게 된다.

남자는 성교가 끝난 순간 여자를 바꾸고 싶어 하지만, 여자는 성교가 끝난 순간부터 사랑이 커진다.

✿ 남자는 언제나 다른 여자를 탐내고 있다. 그러나 여자는 한 사람의 남편에게 충실하려고 노력한다. 이것은 자연이 인간에게 부여한 본능이다.

여자의 이러한 모습은 미래에 태어날 아기에 대한 부양자를 자기의 주위에 남겨두려고 하는 본능에서 비롯된다.

남자와 여자는 신체구조와 정신세계에서 많은 차이를 가지고 있다. 본능도 역시 다르다. 따라서 남자가 여자를 이해하고 여자가 남자를 이해하는 것은 매우 어렵고 복잡한 일이다.

남자는 자신이 원하는 사랑을 여자를 통해 확인하려고 한다. 그런데 그 확인은 한 여자에 국한되어 있지 않다. 남자는 끊임없는 확인 과정을 통해 자신의 능력과 사랑을 확대하려는 본능을 가지고 있다.

반면에 여자는 한 남자를 통해 사랑을 확인하려고 한다.

✿ 여자는 판단력이 약하기 때문에 바로 눈앞에 있는 구체적인 사물에 의해 행동하는 경향이 있다.

자연은 사자에게 날카로운 발톱을, 코끼리에게 이빨을, 황소에게 뿔을 주었듯이 여자에게는 자기방어를 위한 위장술을 주었다.

자연은 남자에게는 체력과 이성이라는 형태로 힘을 부여했으며, 여자에게는 현실에 대한 적응력과 미적 감각을 주었다.

결혼은 차가운 현실임을 간과하지 마라
― 사랑은 우리에게 혼란과 기쁨을 동시에 준다

✿ 여자는 인생에 대한 빚을 행동이 아닌 고통으로 갚는다. 해산의 고통, 육아, 남편에 대한 헌신으로 일생을 보낸다고 해도 과언이 아니다.

아내는 남편의 즐거운 동반자가 되기 위해 끝없는 인내로 노력한다. 하지만 아내의 고통은 좀처럼 밖으로 드러나지 않는다.

그뿐 아니라 대부분은 여자가 남자보다 현실에 충실하다. 어려운 일에 처했을 때, 여자가 남자보다 강단 있게 일을 처리하는 모습을 보는 것은 그리 어렵지 않다.

✿ 어떤 의미에서, 생명은 플라톤이 주장한 이데아의 세계에 깃들

어 있다고 해도 과언이 아니다.

플라톤은 시간과 더불어 변하는 일 없이 항상 동일한 것으로 머무는 영원한 것을 이데아라고 불렀다.

이데아의 세계가 현상계에 나타나기 위해 노력하는 것처럼 인간이 가진 독특한 이데아는 두 사람이 미래의 부모가 되기 위해 노력하는 과정에 깃들어 있다.

사랑은 여러 가지 다양한 모습으로 나타난다. 슬픔과 환희, 고통과 즐거움, 천상과 지옥의 경험을 동시에 할 수 있는 것이 바로 사랑이다.

그러나 사랑의 본질은 언제 어디서나 동일하다. 사랑은 우리에게 혼란과 기쁨을 동시에 주면서 우리의 주변을 맴돌고 있다.

사랑은 인간의 이상인 동시에 현실이다. 사랑은 현상계에 나타나 느낌과 형태로 발현되기를 기다리고 있다.

그리고 그것이 두 사람 사이의 눈빛을 통해 움직이기 시작할 때 그들의 가슴속에 사랑의 본질이 싹튼다. 그 사랑의 본질은 생명이며, 이것은 영원히 변하지 않는다.

✿ 결혼이라는 것도 개인의 이익 또는 종족 유지 가운데 어느 한쪽을 희생해야 하는 통과의례인 면이 적지 않다. 그런 점에서 결혼을 통해 개인의 이익과 정열적인 애정을 동시에 추구한다는 것은 좀처럼 얻을 수 없는 행운이 아닐 수 없다.

행복한 결혼을 찾아보기 힘든 이유도, 순수한 선택이나 애정에서 비롯된 것이 아니라 육체적·도덕적·지적으로 불완전한 상태에서 다양한 표면상의 조건이나 사회적 통념에 의해 치러지기 때문이 아닐까 싶다.

물론 부부 사이에 우정이라는 것이 생길 수는 있다. 하지만 이 우정이라는 것도 성적 욕망에 대한 감정이 사라진 뒤에 생기는 것이 대부분이다.

그래도 각자가 지닌 육체적·도덕적·지적 특질을 서로 보완하는 부부는 다음 세대를 염두에 두면서 성적으로 사랑하는 것이며, 그 결과 부부에게 알맞은 조화가 이루어지기도 한다.

❀ 연애결혼을 한 사람은 삶이 차가운 현실이라는 사실을 깨닫고서 슬픔을 대가로 치른다. 결혼을 하면 연애 시절의 환상은 깨지고 현실의 벽을 만나게 된다. 그래서 사랑의 환상이 서서히 사라진다.

그러나 중매로 결혼한 사람들은 이런 종류의 슬픔은 경험하지 않는다. 그 결혼은 환상에서 시작된 것이 아니어서 스스로 파탄에 빠지는 경우가 드물기 때문이다.

❀ 인간은 사랑이라는 짐을 받아들이기에는 너무나 작고 연약하다. 그렇기 때문에 사랑에 지친 많은 사람이 삶을 포기하기도 한다.

그러나 이러한 비극은 반드시 이루어지지 못한 사랑 때문에 생기는 것이 아니다. 이루어진 사랑도 불행을 초래하는 경우가 적지 않으니까 말이다. 사랑이 원하는 것은 현실적인 조건이나 미래의 계획을 외면한 환상에 가깝기 때문이다.

✿ 배우자로 맞이할 사람의 기질이나 성격이 자신과 어울리지 않는다는 사실을 알면서도 그 사람을 단념하지 못하는 경우가 있다. 사랑하는 사람을 단념하지 못하는 사람은 집착과 고통 속에서 방황하게 된다.
　이 경우에는 이성적 판단도 무용지물이 되어버린다. 사랑에 빠진 사람에게는 자기가 지금 사랑하고 있다는 사실보다 중요한 것이 없기 때문이다.

✿ 우리의 생명이 가지고 있는 유한성은 후손을 통해 극복될 수 있다. 생명에 대한 본능적인 의지가 이러한 것을 가능하도록 만든다.
　생명의 유전에 대한 본능은 결코 포기할 수 없는 것이다. 이렇게 해서 태어나는 자식은 부모로부터 성격과 재능을 물려받게 된다. 그 용모는 아버지를 닮고, 자태는 어머니를 닮는다. 그래서 우리의 생명은 자식을 통해 지속된다.
　그러나 그에 앞서 선행되어야 할 것은 사랑의 진정한 목적을 인식하는 것이다.
　진정한 사랑의 가치를 인식하지 못한 채 뜨거운 정열과 무책임한

성적 욕구만을 추구한다면 그 사랑은 공허와 후회만을 남기게 될 것이 뻔하다.

사랑을 올바로 이해하기 위한 첫 번째 작업은, 사랑과 애정의 진정한 주인은 지금 이 순간에는 존재하지 않지만 나중에 태어날 다음 세대가 있다는 사실을 인식하는 일이다. 그리고 그 후손이야말로 사랑의 진정한 목적이 된다.

이런 의식을 가지고 있다면 우리는 좀 더 숭고하고 정결한 마음으로 서로를 아끼고 사랑할 수 있을 것이다.

이성(異性)을 유혹하고 싶다면 본능에 호소해라
― 사랑은 외부를 향해 스스로를 개방하는 것이다

❀ 가장 큰 행복이란 사랑하고, 그 사랑을 고백하는 것이다.

❀ 사랑을 할 때 감성(感性)은 이성(理性)보다 월등하게 작용한다. 대부분의 경우, 열렬한 사랑은 첫눈에 무르익는다.

 자신이 사랑하는 사람을 다른 사람에게 빼앗기거나 사랑하는 사람과 헤어졌을 때 견딜 수 없을 정도로 심한 괴로움을 겪는 것은 그 고통이 초월적인 성격을 지니고 있기 때문이다.

 다른 어떤 희생보다도 사랑하는 사람을 단념하는 것은 견디기 힘든 고통이다.

✿ 강렬한 사랑은 두 사람이 느끼는 사랑의 기준이 일치하는 순간에 이루어진다. 그러나 두 사람의 이상형이 완벽하게 일치하는 경우는 거의 없다. 우리가 주위에서 정열적인 사랑을 찾아보기 어려운 것도 그런 이유 때문이다.

인간은 본능적으로 자신에게 부족한 점을 메꾸어 완벽하게 만들려는 욕구를 가지고 있다. 그리고 그 욕구는 누군가를 사랑할 때 확연하게 드러난다.

자신에게 부족한 특질을 가진 사람이 나타났을 때 우리는 그를 정열적으로 사랑하게 되는데, 이것이야말로 사랑의 신비가 아닐 수 없다.

그러나 이성적으로 이상형이라고 생각했던 사람을 만났는데도 정열적으로 사랑할 수 없다면, 그것은 그 사람의 이성과 감정이 불일치를 이루었기 때문이다.

사랑은 이성보다는 감정이 이끄는 대로 나타난다.

✿ 정열적인 사랑을 할 수 있는 가능성은 어느 누구에게나 존재한다. 만약 이런 사랑을 할 수 있다면, 그것이야말로 가장 완전한 사랑이다.

위대한 작가의 작품에 등장하는 열정적인 사랑을 보면서 우리는 감동을 느낀다.

그러나 건강한 몸과 마음을 가지고 있는 두 사람의 젊은 남녀가 잘 어울리는 감정과 성격으로 서로 이해하고 아낀다고 해도, 여기에서 그친다면 정열적인 사랑은 일어나기 힘들다.

✿ 사랑은 우정과 다르다.
비슷한 감정과 성격을 가지고 있는 사람들은 좋은 친구가 될 수 있다.
그러나 사랑에는 정열이 있어야 한다. 서로에 대한 정열이 없다면 아무리 잘 어울린다고 하더라도 사랑이 생겨날 수 없다.
성격이 서로 어울리지 않는데도 사랑이 성립되는 경우는 정열이 그 두 사람을 맹목적으로 사로잡았기 때문이다.

✿ 여자는 남자의 굳은 의지와 두려움을 모르는 용기 그리고 정직하고 선량한 마음에 매력을 느낀다. 무지는 여자의 사랑을 얻는 일에 별다른 장애가 되지 않는다.
상대방을 사랑하게 되는 조건 중 하나는 정신적 특질이다. 정신적인 장점들은 외면적으로 드러나는 아름다움보다 중요한 요인으로 작용한다. 정신은 외모보다 지속적이며 강하기 때문이다.

✿ 이성(異性)을 유혹하고 싶다면 본능에 호소해라. 이성(理性)이 아니라 본능(本能)이 움직여야 진실하고 정열적인 사랑을 만들 수 있기 때문이다.

이성적인 선택에 의해 결혼에 이르는 연인들도 있지만, 그들이 열렬한 사랑에 빠지는 일은 극히 드물다.

교양 있고 총명한 여자가 남자의 지성과 재능에 관심을 보이기도 하지만, 이성적이고 사색을 즐기는 남자가 아내로 맞이할 여자의 성격에 직접적으로 영향을 미치지는 않는다.

사랑은 이성적 판단이나 조건과는 아무런 상관이 없다. 그런 외부적인 조건들이 간접적으로 작용해서 결혼하거나 사랑할 수도 있지만, 그것은 나사가 빠진 기계처럼 위험하고 허술하기 짝이 없다. 그것은 언제 무너질지 알 수 없는 모래성처럼 허약하기 때문이다.

조건이 아니라 본능이 이끄는 감정에 충실한 사랑이 성립되어야만 인생을 견디는 굳건한 성(城)을 쌓을 수 있다.

✿ 진실한 사랑은 서로에게 엄청난 힘과 열정을 안겨준다.

그러나 사랑이 뜻대로 이루어지지 않으면 이 세상의 값진 물건들도 모두 하잘것없게 느껴지고, 심지어는 자기 자신의 목숨까지도 구차하게 여겨진다.

그런 상황이 눈앞에 닥치면 사랑을 얻기 위해서 어떤 종류의 희생도 두려워하지 않게 되고, 사랑의 고통으로 방황하다가 자살 소동을 벌이기도 한다.

사랑은 외부를 향해 스스로를 개방하는 것이다. 그것이 무엇이든 자신에게 밀려오는 것, 자신이 맞이해야 하는 것들을 기꺼이 받아들이는 일이 사랑이다.

그러나 두려움 때문에 사랑의 땅에서 도피하는 사람들도 적지 않다.

✿ 사랑에 빠질 수 있다는 것은 우리의 신성한 권리이다. 비겁한 사람조차도 사랑하는 사람이 위험에 처하면 모든 위험과 압력을 극복하고 용기를 내게 된다.

우리가 취해야 할 삶의 자세는 타인을 자신의 방식대로 조정하는 것이 아니라, 자신의 삶을 보다 건전하게 발전시키는 것이다.

열렬한 사랑에 빠진 사람은 사랑하는 사람이 냉정하게 대하고 회피하더라도 어떤 방법으로든 그 사람을 자기 곁에 두고 싶어 한다. 이런 사람은 이루어질 수 없는 사랑의 무거운 사슬을 운명으로 받아들인다.

또한 열렬한 사랑에 빠진 사람은 단 한순간의 사랑을 위해 자기의 모든 행복을 한꺼번에 버리는 일도 망설이지 않는다. 사랑은 이렇게 저돌적이고 반항적이고 잔인하고 변덕스러운 성격도 가지고 있다.

✿ 아름다움을 추구하는 것은 사랑의 내부에 깃들어 있는 또 하나의 본능이다. 남자는 자기의 특질과 어울리는 여자를 만나기 위해 노력한다.

만약 꿈에 그리던 여자가 눈앞에 나타나면 남자는 즉시 사랑에 빠지게 된다. 사랑에 빠진 남자들은 그 여자를 얻기 위해서라면, 어떤 무리한 일도 마다하지 않는다. 그들은 때때로 자신의 삶을 망쳐 버리는 무모한 사랑까지도 망설이지 않고 밀고 나간다.

사랑에 빠진 사람들은 주위의 시선이나 질책에 주의를 기울이지 않는다. 사랑에 빠진 사람에게 세상은 자신과 사랑하는 사람만이 존재하는 아름다운 낙원 그 자체이다. 그러므로 타인은 성가신 파리와 같은 존재에 지나지 않는 것이다.

그러나 시간이 흘러 사랑이 지나가고 나면 그제야 비로소 깨닫게 된다. 사랑이 자신에게 씌웠던 자욱한 안개의 의미와 비극을…….

❀ 우리는 이성과의 사랑을 통해 자기 자신에게 부족한 특질을 보충할 수 있으며 스스로를 보다 높은 차원으로 드높일 수 있다.

사랑의 감정은 본능에 따라 움직이는 경우가 많으므로 우리는 사랑을 하기에 앞서, 자신에게 필요한 특질이 상대방에게 있는지 세밀하게 검토하는 작업을 하는 것이 바람직하다. 열렬한 사랑의 토대는 이러한 과정을 통해 만들어진다고 해도 과언이 아니다.

❀ 소유를 향한 욕망은 강력한 힘을 발산한다. 그런 이유로 우리는 이성에게 무엇인가를 간절히 원한다.

그러나 자기가 원하는 것을 얻지 못하거나 상대방으로부터 거절당하면 감당하기 힘들 만큼 큰 좌절감을 느낀다.

좌절감은 사랑에 커다란 영향을 미친다. 좌절한 연인은 자기 자신을 죽일 수 있을 정도로 불행의 늪에 빠지기도 한다.

이렇듯 이루어지지 않는 사랑은 우리의 영혼을 너무나 깊이 병들게 한다.

✿ 이 세상에서 사랑만큼 달콤한 것은 없다고 한다.

그렇다면 사랑 다음으로 달콤한 것은 무엇일까? 미움이다.

그러나 미움은 사라질 수 있지만, 사랑은 영원하다.

하지만 미움을 미움으로 갚으려 한다면 그 미움은 끝내 풀리지 않는다. 미움은 그 감정을 없앨 때만 풀리기 때문이다.

증오의 불씨는 마음속에서 억누를수록 더욱 맹렬한 기세로 타오르는 법이다.

✿ 사랑에서 떠났을 때 비로소 우리는 아름다운 환상에서 깨어난다.

사랑이 사라진 삶에 남아 있는 것은 고통과 불안, 두려움뿐이다.

열정으로 타오르던 사랑은 공허한 영혼이 되어 떠돌게 된다.

✿ 어떤 시인이라도 사랑을 완벽하게 표현하는 것은 불가능한 일인지도 모른다. 그것은 시인의 재능이 부족하기 때문이 아니라, 사랑의 깊이가 너무나 깊어서 아무도 그 깊이를 측정할 수 없기 때문이다.

사랑받는 것을 이 세상에서 누리는 가장 큰 행복이라고 생각하는 것 그리고 그 뜻을 이루지 못하면 슬픔의 나락으로 떨어지는 것, 그것이 바로 사랑이다.

그래서 사랑은 무수한 연애시(戀愛詩)의 주제가 되고, 지상의 경험을 넘어선 초월적인 비유의 경지로 승화되는 것이다.

5장

어떻게 살아야 하는가?

자신의 삶에 가치와 의미를 부여해라
— 행복은 수단을 통해 달성되지 않는다

❖ 우리 인생에 목적과 동기가 없다면 어떻게 될까?

우리는 각자 무엇인가를 원하면서 살아가고 있다. 그것을 성취할 수 있다는 아주 작은 희망을 움켜쥐고 미래를 향해 전진하는 것이다.

만약 우리 삶에 목적과 동기가 없다면, 우리 인생은 권태로 가득할 것이다. 그뿐 아니라 우리의 행복과 불행도 달라질 것이다.

어떤 사람은 사업을 벌이거나 운동에 많은 시간을 보낸다. 어떤 사람은 음모를 꾸미거나 사냥을 한다. 이런 행동은 대개가 권태나 정지된 상태에서 벗어나려는 절박한 몸부림에 불과하다.

❖ 모든 계획은 실천하기 전에 충분히 숙고한 다음 수립해야 한다.

우리의 지혜는 언제나 부족하며 완전하지 못하기 때문이다. 신중하게 생각하더라도 삶 속에는 우리가 탐지할 수 없고 예측할 수 없는 일들이 헤아릴 수 없을 만큼 많이 숨어 있다.

그러므로 저울의 한쪽 끝에는 희망을, 다른 한쪽 끝에는 경계심을 매달아 놓아야 한다.

❖ 가장 높은 곳에 올라가려면 가장 낮은 곳에서부터 시작해야 한다.

❖ 건물을 세우는 일에 고용된 인부들은 건물이 어떤 의도로 어떻게 설계되었는지 전혀 알지 못한다. 그리고 그 건물의 설계에 대해 알고 싶어 하지도 않는다.

소중한 인생의 하루나 한 시간을 의미 없이 흘려보내는 것, 그것은 인생 전체의 설계를 생각하지 않는 것과 마찬가지로 어리석은 행동이다.

자신의 인생에 가치와 의미를 부여하고 싶은 사람이라면 가끔씩 인생의 설계도를 그려보는 것이 좋다. 그것은 용기와 희망을 불어넣는 일이다.

그러나 인생의 설계도를 작성하기 위해서는 자기 자신에 대한 사전 지식이 필요하다. 내가 진정으로 원하는 것이 무엇이고, 나에게 행복을 안겨주는 근본적인 조건이 무엇인가를 알아야 한다. 동시에 삶에 대한 분명한 의지가 필요하다.

❖ 인생은 의미 있는 일로 가득 차 있다. 삶을 의미 있는 일로 채우는 것이야말로 인생을 성숙하게 만드는 길이다.

❖ 인생은 육안으로 볼 수 없는 미세한 것이다. 더 이상 쪼갤 수 없을 정도로 작은 것이 우리의 삶이다.
그럼에도 불구하고 인간은 공간과 시간이라는 장치를 이용하여 우리 삶을 세밀하게 분리한다.

❖ 인생에서 가장 중요한 것은 때때로 우리가 알지 못하는 순간에 일어난다.

❖ 행복은 수단을 통해 달성되지 않는다. 어떤 목표를 향한 의지의 실천은 길의 중간에서 우연히 얻은 물 한 모금 같은 것이다.
만약 깃발이 꽂혀 있는 종점에 행복이라는 단어가 새겨져 있다면, 그것은 진정한 행복이 될 수 없다.
그 깃발을 손에 넣기 위해 어딘가에서 누군가와 무엇인가를 실천하고 있다면, 그런 삶은 진정한 행복을 만끽했다고 할 수 없는 것이다.

❖ 어떤 일을 처리하고 나서 그 결과를 기다리고 있다면, 과거를

돌아보거나 미래의 일을 예상하면서 걱정하지 마라. 두려운 생각을 버리고 평안한 마음을 유지해라.

　최선을 다하고도 실패했을 때는 스스로를 위로할 수 있는 담대함이 필요하다.

❖ 비극은 인간을 체념으로 인도하면서 생존의 의지를 포기하도록 부추긴다. 그러나 희극은 생존에 대한 욕구를 자극한다. 희극도 삶의 고뇌와 염세적인 장면을 그려내고 있긴 하지만, 그것은 결국 행복에 이르기 위한 과정일 뿐이다.

　인생은 고달픈 것이지만 언젠가는 웃음꽃을 피울 수 있다는 사실을 관객들에게 알리고 희망을 품게 하는 것, 그것이 바로 희극이 우리에게 주는 선물이다.

인생에 대해 지나친 기대를 하지 마라
― 고통이 멀어졌다 싶으면 권태가 나타나 유혹한다

❖ 인생이 우리에게 안겨주는 가장 큰 슬픔은 상실이나 불행이 아니라 두려움이다.

❖ 불행하게도 우리의 인생은 환불되지 않는다. 그런 만큼 '선택'이 무엇보다 중요하다.
　현명한 사람이 원하는 것은 쾌락이 아니라 고통이 없는 상태이다.
　모든 쾌락과 행복이 소극적이라면, 고통은 적극적이다. 우리는 쾌락을 즐기지 않으면서 살아갈 수는 있지만, 끊임없이 고통을 겪으면서 살아가기는 쉽지 않다.
　우리의 몸 어느 한 곳에 상처가 나면, 우리는 다른 신체 부분이

건강하다는 사실을 잊기 마련이다. 그 상처의 고통이 언제나 마음을 괴롭혀서, 삶에 대한 다른 행복이나 즐거움을 전혀 느끼지 못하기 때문이다.

❖ 고통과 권태는 행복을 가로막는 두 가지 적이다. 우리가 고통으로부터 어느 정도 멀어졌다고 생각하면 어느 사이에 권태가 나타나서 우리를 유혹한다. 권태에 싫증을 느끼게 되면 고통의 그림자가 다가온다.

우리의 삶은 고통과 권태 사이를 오가고 있다고 해도 과언이 아니다. 이것은 외면적인 세계와 내면적인 세계가 서로 대립 관계에 있기 때문이다.

외면적인 세계에서는 궁핍과 부족함이 고통을 주는 반면, 내면적인 세계에서는 안전과 풍요가 권태를 안겨준다.

가난한 사람들이 고통과 싸우고 있을 때, 부자들은 권태와 씨름한다.

❖ 우리가 겪는 고통을 가중시키는 것은 시간이다. 그것은 우리를 끝없이 몰아내며 채찍질한다.

그러나 시간의 채찍질을 누군가가 멈추게 해준다면, 이번에는 권태라는 적이 나타날 것이다.

❖ 인생에 대해 지나친 기대를 하지 마라. 약간의 기대는 도움이 되지만 지나친 기대는 오히려 독이 된다. 기대감이 작다면 어떤 불행이 찾아와도 당황하지 않을 것이며, 어떤 것을 잃어버려도 한탄하지 않을 것이다.

그러나 삶에 대한 기대를 포기한다는 것은 결코 쉬운 일이 아니다. 대부분의 사람은 허위의 모습을 세상의 참모습으로 착각하고 모든 것을 맡기는데, 그것은 진실이 아니다.

그대의 모습을 돌아보라. 인생의 밑바닥에 가득 찬 고통과 갈등이 다가오는 모습을……

❖ 지금 추진하는 중요한 일이 잘 진행되고 있더라도 다른 사소한 일이 뜻대로 되지 않으면 우리는 갈등과 고통을 느낀다.

삶에 있어서 그 일은 아주 작은 부분을 차지하는 것임에도 불구하고, 원만하게 이루어지고 있는 큰 부분을 염두에 두지 않고 시름에 잠기기 때문이다.

필요 이상의 행복을 탐내지 마라
― 진정한 자유는 스스로의 욕망을 통제하는 과정에서 비롯된다

❖ 삶을 좀먹는 것은 행복에 대한 비천한 욕망이다. 이러한 욕망의 사슬을 단호하게 끊어버릴 수 있는 사람, 필요 이상의 행복을 탐내지 않는 사람만이 인생의 난국을 헤치고 진정한 승리자가 될 수 있다.

그러므로 이 세상을 살아가는 가장 현명한 태도는 쾌락, 돈, 영화(榮華), 명예, 지위 등에 대한 욕망을 최소한으로 줄이는 일이다.

큰 불행은 행복과 쾌락을 얻기 위한 지나친 노력에서 초래된다.

❖ 행복과 쾌락의 추구는 단념하고, 번민과 고뇌에 대한 예방에 힘을 기울여라.

삶을 보다 아름답게 만들기를 원한다면 행복과 쾌락에 대한 욕구

를 줄여야만 한다.

　큰 불행을 회피하는 가장 확실한 방법은 너무 큰 행복을 추구하지 않는 것이다.

❖ 질투는 어느 시대, 어느 누구에게나 존재하는 감정이다. 질투의 감정을 피할 수 있는 사람은 아무도 없다.

　질투는 우리 모두에게 지극히 자연스러운 감정이지만, 그것은 불행의 씨앗이 될 수도 있다. 그러므로 질투를 행복의 적으로 인식하면서 그 감정을 지우기 위해 노력해야 한다.

❖ 만족하면서 인생을 즐기려면 무엇보다도 먼저 나 자신을 다른 사람과 비교하지 말아야 한다. 다른 사람과의 비교는 질투를 유발시키는 촉매제 역할을 한다.

　나보다 못한 조건의 사람을 생각해라. 그것이 바로 삶을 밝히는 지혜의 등불이다.

❖ 행복을 얻기 위한 조건으로 용기는 지혜 다음으로 중요하다. 물론 용기나 지혜가 저절로 커지는 것은 아니다.

　지혜는 어머니에게서, 용기는 아버지에게서 배운다. 그리고 타고난 지혜와 용기는 노력과 훈련에 의해 증진시킬 수 있다.

❖ 우리는 운명의 지배를 받으면서 살아가고 있다. 그러므로 운명과 싸워나갈 갑옷과 강철같은 마음이 필요하다.

인생이라는 싸움터에서 한 걸음이라도 앞으로 나아가려면 서서히 다가오는 고통의 괴물을 창으로 찔러야 한다. 손에 칼을 든 채 죽어야 한다는 말이다.

그러나 그것 때문에 삶을 비관하거나 낙담하는 사람이 있다면 그는 비겁한 사람이다. 우리에게는 그 운명과 싸울 수 있는 용기와 지혜가 있기 때문이다.

❖ 성숙은 자아가 파괴되는 과정을 견딜 수 있는 능력이다. 그리고 자아를 형성하는 과정에서 자신의 관점을 잃어버리지 않는 역량이다.

❖ 진정한 자유는 스스로의 욕망을 통제하는 과정에서 비롯된다. 지혜로운 사람은 고독한 장소에 있을 때도 사색을 통해 진정한 즐거움을 맛본다.

어리석은 사람은 고독을 견디지 못해 연회를 베풀거나 연극을 관람하거나 여행을 즐기기도 하지만, 그림자처럼 따라다니는 권태에서 벗어나지 못한다.

선량하고 지혜로운 사람은 불행한 상황에서도 만족을 느끼지만, 욕심이 많고 어리석은 사람은 수많은 재물을 소유하고 있더라도 만족해하지 못한다.

❖ 삶은 우리가 원하는 것을 이룰 기회를 연속적으로 제공한다. 단지 그 첫걸음이 어려울 뿐이다. 그런데 우리는 걸음을 뗄 생각은 하지 않고, 고작 하는 일이 흐르는 시간 속에서 자신의 인생을 돌아보고만 있지 않은가.

인생이 펼쳐지는 시간마다 우리는 새로운 가능성을 발견한다. 그리고 우리를 발전시킬 수 있는 기회를 얻게 된다.

그러므로 기회가 찾아오면 두려움에 떨지 말고 용감하게 첫발을 내딛어라.

❖ 용기도 지나치면 만용이 된다는 사실을 명심해라.

용기를 내야 하는 순간에도 신중하게 행동해야 한다. 살아가는 일에 있어서 어느 정도의 두려움은 반드시 필요하다.

비겁함은 지나친 두려움을 의미한다. 그러나 신중하게 행동하기 위해 두려움을 느낀다면, 그것은 비겁이 아니라 진정한 용기라고 할 수 있다.

❖ 지혜의 나라에는 겨울이 없다. 청년기에 고독 때문에 적막이나 외로움을 느끼는 일이 있더라도, 노년기에는 그런 모든 경험이 삶의 중요한 재산으로 남게 된다.

노년기에는 재물이나 명예 같은 것들은 아무 소용도 없다는 사실을 깨닫게 된다. 아무리 어리석은 사람이라고 해도 노년기가 되면 삶이

주는 이러한 진실과 마주한다. 늙고 병든 몸에 재산과 명예는 아무런 도움도 줄 수 없기 때문이다.

인생의 마지막 순간까지 남는 유일한 재산은 바로 지혜이다. 그 지혜의 소중함을 얼마나 빨리 깨닫는가에 따라 사람들은 다양한 형태로 인생을 마감한다.

❖ 지혜는 하루하루 인생을 풍요롭게 만드는 자양분 역할을 한다.
우리에게 주어진 시간은 그 무엇으로도 보충할 수 없다는 사실을 명심해라.
인생은 미래를 위한 준비라고 할 수 있다.

자신이 걸어온 길을 보려면 높은 산으로 올라가라
− 삶의 끝에 서 있을 때, 자신에 대한 평가를 내릴 수 있다

❖ 우리가 살아가면서 저지르기 쉬운 잘못 중 하나는 자기의 인생에 대해 너무나 엄청난 설계를 한다는 사실이다. 우리가 이루고 싶어 하는 소원은 몇 가지 특별한 경우를 제외하고는 뜻대로 실현되지 않는데 말이다.

오랫동안 살아가면서 그 소원을 이루기 위해 갖은 노력을 해도 이루지 못한 것은 남아 있기 마련이다. 계획했던 일은 대개 우리가 예상했던 것보다 더 많은 시간을 필요로 하기 때문이다.

❖ 어렵고 힘들었던 과거의 시간을 통해 우리가 처해 있는 현실에 대한 안목을 넓힐 수 있다. 설계했던 인생의 모든 계획을 이루게 되었

다고 해서 기뻐하지 마라. 설계도에 따라 일을 진행하는 중이라도 스스로에게 커다란 변화가 일어날 수 있다.

가치관이나 느낌, 정서가 달라지면 인생의 계획은 자연히 달라진다. 그렇게 되면 과거의 목적은 현재의 나에게 아무런 소용도 없는 것이 되어버린다.

또한 인생의 계획이 변경되지 않았다고 해도, 그 목적을 성취하기 위해 많은 시간을 쏟으면서 애쓰는 도중에 그 일을 완성할 만한 의지와 힘을 잃어버릴 수도 있다.

위험과 고난의 세월을 견디면서 재산을 모았지만, 막상 돈을 쓰려고 하자 체력과 의지가 전부 소모되어 아무것도 하지 못하는 경우도 적지 않다. 또한 간절하게 원하던 지위를 얻었지만, 자신의 두뇌나 기력이 그것을 감당할 수 없게 되어버리는 일도 심심찮게 있다.

❖ 높은 산으로 올라간 후에야 지금까지 더듬어 온 길을 한눈에 바라볼 수 있다. 마찬가지로 삶의 끝에 서 있을 때, 우리는 지금까지 살아온 인생에 대해 정확한 평가를 내릴 수 있다.

어떤 일에 열중하고 있을 때는 자신의 능력이 미치는 범위 내에서 할 수 있다고 생각되는 것만을 시도하기 마련이다. 그리고 그 일의 결과가 드러났을 때야 비로소 지금까지 있어 온 문제들이 무엇인지 이해할 수 있게 된다.

❖ 주위의 사물을 분명하게 분별할 수 없는 저녁에는 중대한 사건을 처리하거나 어려운 결정을 하지 마라. 아침이 되면 우리 정신은 보다 왕성하게 활동하기 시작한다. 모든 사물이 선명하게 인식되면서 그 기능을 충분히 발휘하는 것이다.

그러므로 그 귀중한 시간을 늦잠으로 단축시키거나 헛된 일에 허비하지 말아야 한다. 아침 시간을 삶의 가장 중요한 부분으로 받아들여라.

❖ 우리의 인생도 피곤한 저녁 시간이 아니라 선명한 아침 시간처럼 살아갈 수 있어야 한다.

아침에 눈을 뜨면 공기 중에 녹아 있는 신선함과 생명의 풋풋함을 호흡해라. 그것은 저녁의 어스름한 공기 속에 떠 있는 피곤함이나 몽롱함과는 완전히 다르다.

아침 공기는 불쾌하거나 우울하던 그 전날의 기분을 완전히 소멸시키고 새로운 희망의 소리를 들려준다.

❖ 하루를 마감할 때가 되면 피로한 몸과 마음 때문에 이해력과 판단력이 흐려진다. 따라서 현실을 올바르게 판단할 수 있는 이성도 마비된다.

불안은 어둠과 쉽게 결합하고, 우리가 느끼는 불안은 어둠 속에서 더욱 커진다.

피로로 인해 판단력이 약해지면 상상력은 더욱 날카롭게 변한다. 날카로운 상상력은 우리의 심장을 위협할 만큼 위험하다. 그렇게 되면 모든 사물이 음울한 모습과 불길한 형태를 취하면서 우리를 괴롭힌다.

잠을 이루지 못하거나 한밤중에 눈을 떴을 때, 우리는 무서운 모습을 하고 나타나는 환영(幻影)을 보기도 한다. 환영은 공포로 우리를 위협한다.

그러나 아침이 밝아 오면 마치 꿈에서 깨어난 듯이 상상의 악몽은 어디론가 사라진다.

미래의 행복을 위해 현재를 포기하지 마라
― 오직 현재만이 소중한 가치를 가진다

❖ 인생을 올바르게 살아가는 비결은 현재와 미래에 대한 주의를 게을리하지 않는 것이다.

천박하고 분별력이 없는 사람은 눈앞의 일에 얽매인다. 소심하고 걱정이 많은 사람은 미래에 대한 걱정 속에서 살아간다. 행복은 미래에 있다고 생각하면서 현재를 돌아보지도 즐기지도 않는다.

그러나 현재를 소홀하게 생각하는 사람은 자신의 인생에 대한 근본적인 태도를 그르치는 것과 다름없다. 그들은 죽음과 대면하는 순간에도 미래에 대해 낭만적인 기대를 하다가 허망하게 일생을 마감할 수도 있다.

❖ 우리는 과거에 존재했고, 현재에 존재하고 있으며, 미래에도 존재할 것이다.

과거의 일에 집착하는 것, 현재를 소홀하게 보내는 것, 미래만을 기다리는 것. - 이 모두가 삶을 비참하게 만드는 그릇된 태도라는 사실을 기억해라.

❖ 미래는 우리가 미처 예상하지 못했던 결과를 가져오기도 한다. 그렇다면 과거는 우리가 생각하는 그대로의 모습이었을까?

미래나 과거의 순간은 현재의 시간에 비하면 너무나 보잘것없다. 오직 현재만이 소중한 가치를 가진다.

일정한 거리를 두고 바라보는 사물은 실물보다 작은 것처럼 보인다. 환상이나 기대감을 품고 사물을 바라보면 그것은 실물보다 훨씬 크게 보인다. 그러나 그 사물은 그것이 가진 크기대로 존재할 뿐이다.

❖ 미래에 대한 막연한 두려움으로 인해 현재의 상황을 흐리게 만들지 마라.

만약 재앙이 일어날 가능성이 있더라도 재앙은 일어나지 않을 거라고 생각해라.

확실하게 예상되는 재앙이라면 가까운 시일 내에 다가오지 않을 거라고 생각해라.

그리고 서서히 그 재앙에 대한 대책을 마련해라. 충분한 대책이 있다면, 그것은 이미 재앙이 아니다.
　우리에게는 어떠한 재앙도 극복할 수 있는 힘이 있다.

　❖ 재앙은 미래적인 개념이다. 막연한 미래 때문에 현재의 평화로운 상태를 포기하는 것만큼 어리석은 일은 없다.
　현재의 평안을 유지한다면 재앙은 결코 찾아오지 않을 것이다.

　❖ 미래의 재앙이 우리에게 두려움을 안겨주는 것은 그 일이 일어날 수 있다는 가능성이 있을 때와 그 일이 일어나는 시기가 이미 확정되었을 때다.
　그러나 두 가지 요소가 모두 충족되는 경우는 극히 드물다.

　❖ 과거의 아픈 기억들은 우리의 삶 속에 아픈 상처로 남아 있다. 그러나 우리는 얼마든지 그 상처에서 벗어날 수 있다.
　미래에 대한 두려움을 버리고 마음에 여유와 안정을 되찾게 되면, 이번에는 소망과 욕구와 의욕이 우리의 안정을 교란시킨다.
　그러나 진정한 안정이란 아무것도 바라지 않을 때 가능하다. 우리는 현실 속에서 모든 헛된 망상을 버릴 수 있어야 한다.
　모든 욕망에서 벗어나면 인생의 참된 의미를 깨달을 수 있다.
　정신적인 안정을 느낄 때 우리는 완전한 행복을 만날 수 있다.
　정신적인 안정을 누릴 수 있게 된다면, 우리는 현재의 삶을 충분히 즐길 수 있을 것이다.

❖ 괴롭고 병들었던 과거를 회상하는 것은 현재의 평안을 오래 유지시킬 수 있는 좋은 방법이다. 그러나 우리는 마음이 편하고 건강할 때는 아무런 생각 없이 귀중한 시간을 그대로 흘려보내다가 걱정과 근심이 생겼을 때야 비로소 지난날을 되새긴다.

현재의 행복한 시간을 무심하게 보내지 마라. 현재의 시간은 언제나 과거라는 전당 속으로 사라지고 있다.

우리가 현재의 시간에 몰두할 수 있을 때 과거는 기억 속에서 불멸의 빛을 발하게 되는 것이다.

만약 미래를 풍요롭게 만들고 싶다면 과거의 기억이 가르쳐 주었던 그 무엇을 깨닫기 위해 노력해라.

지금 지나가고 있는 오늘 하루는 제외할 수 없는 인생 그 자체이다.

끊임없이 변화하는 모든 현상에 대비해라
― 하루하루는 언제나 새롭게 우리를 가르친다

❖ 삶의 단순함과 그로 인한 따분함을 생각한다면 인생이 참을 수 없을 정도로 지루하게 여겨질 것이다.

인식과 통찰이 모든 면에서 진보를 가져오지 못하고, 사물과의 관계에 대한 이해 역시 분명해지지 않는다면 우리의 인생이 얼마나 지루하겠는가?

그러나 인생은 지루하지 않다. 시간이 흐르면서 여러 가지 체험을 하고 보다 성숙한 자아를 갖게 된다고 하더라도, 우리는 항상 사물들의 새로운 면을 보게 된다. 그것은 사물을 인식하는 우리의 사고가 계속 변하기 때문이다.

정신을 집중시키고 일에 몰두하면 여러 가지 좋은 일이 생긴다.

어제의 시간은 분명히 오늘과 다르다.

　우리는 얼마나 많은 변화 속에서 살아가고 있는가. 하루하루는 언제나 새롭게 우리를 가르친다.

❖ 우리는 늘 시간의 작용과 변화하는 사물에 유의하고, 현재 눈앞에서 일어나고 있는 사태와 정반대되는 경우를 예상해야 한다. 즉 행복할 때는 불행을, 우애에는 반목을, 맑은 날에는 흐린 날을, 사랑할 때는 증오를, 신뢰에는 배신을 분명히 머릿속에 그려야 한다. 이것이 바로 진정한 지혜를 습득하는 길이다.

　이렇게 한다면 우리는 늘 신중함과 냉정함을 유지한 채 다른 사람에게 미혹되지 않는 것은 물론이고, 재앙이나 위험을 예방할 수 있다. 다만 사물이 무상하고 변화하기 쉽다는 사실을 분명히 체득하기 위해서는 무엇보다도 실제 경험이 필요하다.

　현재 눈앞에서 벌어지고 있는 일은 필연적인 현상으로서 충분한 이유를 가진다. 그리하여 현재의 입장에서 보면 영원히 존속될 것 같지만, 이 세상에서 유일하고 영원한 현상은 오직 '변화'뿐이다.

　따라서 진정으로 현명한 사람은 외관에 미혹되지 않고 변화가 일어날 만한 시간과 장소를 재빨리 예측한다.

　대다수 사람들이 사물의 일시적인 상태나 과정을 영원한 것으로 간주하는 이유는 결과만을 보고 원인을 간파할 능력이 없기 때문이다. 원인만이 앞으로 일어날 변화의 씨를 내포하고 있으며, 결과는 원인에서 온 것인 만큼 변화를 암시하지 않는다.

❖ 만물이 끊임없이 변화하는 세상에서 무슨 일이 일어나더라도 우리는 결코 지나치게 환호하거나 비통함에 빠져서는 안 된다.

길흉에 대한 우리의 판단 또한 확실하지 못한 만큼 지난날에 자신이 한탄했던 일도 이제 와 생각하면 오히려 큰 경사이고, 반대로 지금은 큰 걱정거리인 일이 전에는 기쁜 일이었던 경우가 얼마든지 있다.

모든 불행에 대해 침묵을 지킬 수 있는 사람은 인생에 깔려 있는 불행과 화근이 얼마나 끔찍하고 다양한지를 잘 알고 있다. 이런 사람은 현재의 재앙은 얼마든지 있을 수 있는 일이며, 또한 일어날 가능성이 있는 모든 재앙 가운데 극히 작은 부분에 해당한다고 생각할지도 모른다.

우리는, 인생이 참혹함과 비통함으로 가득하고 수많은 재난으로 둘러싸여 있다는 사실을 명심해야 한다. 그러기 위해서는 자신의 주위를 둘러보는 것이 바람직하다.

하지만 주위에서 찾아볼 수 있는 것이라고는 오직 덧없고 허망하며 아무런 보람도 없는 생활뿐이다. 이런 인생을 살아야 하는 우리는 될 수 있는 대로 자신의 욕망을 억제하고 온갖 사물의 불완전함을 참아내야 한다. 또한 냉정한 태도로 모든 재앙을 예방하거나 견뎌냄으로써, 생존의 요소는 오직 수많은 재앙뿐이라는 사실을 명심해야 한다.

그렇다고 심하게 우울해하거나 시시각각으로 다가오는 인생의 고뇌를 비관하면서 얼굴을 찌푸린다든지, 모기에게 물렸다고 신(神)에게 도움을 요청해서는 안 된다.

우리는 신중하고 현명한 태도로 다른 사람이나 사물로부터 받게 될 재난을 스스로 예방하면서, 동화책에 나오는 영리한 여우처럼 교묘한 술책으로 크고 작은 재난을 모두 피해야 한다.

❖ 우리가 모든 불행을 미리 예상해서 각오하고 있으면 불행이 실제로 닥쳤을 때 한결 견디기 쉽다. 불행을 있을 수 있는 일이라고 간주하면 고통의 정도가 매우 약해질 뿐 아니라, 그 불행을 유한한 것으로 생각할 수 있으므로 실제 생활에서는 큰 영향을 받지 않는다. 그리하여 어떤 불행을 예상할 경우 우리는 그와 관련한 체념과 해결책도 동시에 생각하기 때문에 실제로 그 불행이 닥쳐왔을 때는 크게 힘들어하거나 외로워하지 않게 된다.

그러나 불행한 사건을 가장 냉철하게 참아나가는 방법은 사건의 크기와는 상관없이 그것이 필연적으로 생긴 것이라고 받아들이는 일이다.

불가피한 일에 대해서는 쉽게 체념하는 것이 인간의 본능이므로 불행한 사건을 필연적이라고 생각한다면, 뜻밖의 일도 물리학처럼 일반적인 법칙에 의해 발생하는 일이거나 자연법칙처럼 엄밀히 예측할 수 있는 일로 간주할 수 있기 때문이다.

 이 진리에 정통한 사람은 우선 자신의 힘으로 할 수 있는 일만을 하고, 그다음에 일어나는 모든 일은 필연적이라고 태연히 인정할 수 있을 것이다.

 우리가 늘 겪는 사소한 번민과 재난은 우리를 단련시켜서 나중에 더 큰 재앙이 닥쳤을 때 슬기롭게 처리할 수 있도록 하는 예비 훈련이다.

 따라서 우리는 날마다 당하는 번거로운 일이나 조그마한 시비, 충돌, 욕설에 적응하는 능력을 키워야 한다. 그러기 위해서는 사소한 번거로움을 길가에 있는 돌멩이처럼 발길로 차버린 뒤 전혀 신경 쓰지 않는 습관을 키우는 것이 바람직하다.

이성과 도덕적인 본성을 양립시켜 행동해라
― 고난을 극복하는 것이 인간의 가장 큰 쾌락이다

❖ 인간의 행복 또는 불행과 관련한 모든 일에 대해서는 자신의 상상력을 억제해야 한다. 특히 상상력을 동원해 사상누각을 지어서는 안 된다. 사상누각은 큰 낭비일 뿐 아니라, 이내 한숨을 토하며 자신을 괴롭힐 것이기 때문이다.

그러나 우리가 무엇보다도 멀리해야 할 것은 여러 가지 불행을 상상해서 부질없이 걱정하는 일이다. 이 걱정이 오직 상상의 산물이거나 자신과는 시간적·공간적으로 동떨어진 경우, 재빨리 걱정에서 벗어나 모든 것이 하나의 환영(幻影)이었음을 깨닫는다면 평온한 현실을 즐기고 불행에 대한 경계심을 키울 수 있을 것이다.

상상력의 힘은 일반적으로 극단에서 극단으로 달릴 때가 많아,

간접적인 이득보다 직접적인 손실이 더 큰 편이다.

또한, 상상력이 아름다운 신기루를 만들어 인간을 기만하고 가상적인 위험을 사실보다 몇 배나 확대해서 절박하고 두려운 것으로 보여줄 경우, 비록 미래의 일일지라도 현실적인 위협을 느끼지 않을 수 없다.

그런데 이러한 악몽은 재미있고 우스운 꿈과는 달라서 좀처럼 소멸하지 않으며, 계속해서 꼬리를 감추지 않고 마음속에 남아 있다.

불행의 일반적인 성질로 미루어볼 때 '있을 수 있다.'는 상상은 있는 정도를 예측할 수 없으므로 그 실현 가능성이 현실적으로 느껴진다. 그래서 사람들이 두려움에 사로잡히는 것이다.

따라서 인간의 행복과 불행에 대해서는 어디까지나 이성적이며 분별력 있는 눈으로 바라보아야 한다.

❖ 인간의 육체적인 생명은 끝없는 운동 속에서 그 명맥을 이어나가며, 정신적인 생명도 행위나 사고에 의해 부단히 활동함으로써 계속 이어진다. 사람이 아무 일도 하지 않고 있을 때 무심코 손가락 마디를 꺾어 소리를 내거나, 옆에 있는 물건을 매만지는 이유도 이 때문이다.

인간은 원래 동적인 존재이므로, 정지 상태는 무서운 권태를 초래해 스스로 감당하기가 힘들어진다.

그런데 이 활동적인 본능을 질서 있고 유효하게 만족시키려면 어느 정도의 절제가 필요하다.

어떤 일에 종사하고, 무엇을 만들며, 무엇인가를 배우는 활동은 행복의 조건이다. 또한 어떤 활동을 요구하고, 그 활동에 따른 결과를 기다리는 것은 인간의 본능적인 욕구이기도 하다.

이 욕구를 가장 크게 만족시키는 방법은 어떠한 물건을 만들거나 일을 성취하는 것이며, 가장 직접적인 행복을 가져오는 것은 자신의 손에서 작업이 원활하게 진행되고 나날이 조금씩 목표에 가까이 다가가는 모습을 보는 일이다.

예를 든다면 미술품을 만들거나 책을 집필할 수 있는 두뇌를 가진 사람이야말로 가장 행복한 사람이며, 그들의 생애는 특수한 흥취로 가득 차 있다고 할 수 있다. 이에 비해 일반인의 생활은 무미건조하기 짝이 없다.

다시 말해 정신적 능력을 갖춘 사람들은 인생과 세계에 대해 물질적 흥취 이외에도 내면적 만족감을 느낄 수 있으며, 그 속에서 자신의 일과 관련한 소재(素材)를 얻을 수도 있다.

따라서 생활이 보장되고, 평생 동안 이러한 소재를 수집하고 창작에 힘쓰면서 순수한 활동을 지속할 수 있다면, 그 사람이야말로 행복한 삶을 누린다고 할 수 있을 것이다.

❖ 정신적 능력을 갖춘 사람들의 지성은 크게 두 가지로 나눌 수 있다.

첫째는 보통 사람들의 지성과 마찬가지로 세속적인 일에 대한 지성이며, 둘째는 사물을 순전히 객관적으로 고찰하는 지성이다.

인간은 어떤 조직적인 활동을 하지 않으면 적막감과 불행함을 자주 느끼게 된다. 따라서 우리가 몸과 마음을 움직여 장애물과 싸우는 것은 두더지가 흙 속을 파고드는 것처럼 필요하면서도 자연스러운 일이다.

만일 우리에게 어떤 영원한 쾌락과 만족이 부여되어 '정지 상태'가 되어버린다면, 우리는 도리어 이 상황을 감당하지 못할 것이다.

❖ 고난을 극복하는 것이 인간의 가장 큰 쾌락이다. 그런데 고난은 사람마다 달라서 실제적인 활동처럼 물질적이기도 하고, 학구적인 생활처럼 정신적이기도 하다. 우리가 행복감을 느끼는 순간은 이런 장애물과 싸워서 이길 때다.

인간이 억지로라도 활동 동기와 기회를 만들어 움직이는 것도 이런 이유 때문이다. 그뿐 아니라 인생의 명암이나 선악의 대부분도 이처럼 인위적이면서 자발적인 활동에서 기인한다.

어떤 사람은 자신의 적성대로 큰 사업을 계속하고, 어떤 사람은 낚시나 운동 경기에 빠져 있으며, 또 어떤 사람은 자신도 모르는 사이에 본성의 사주를 받아 싸움을 걸고 음모를 꾸미는 등의 나쁜 짓을 한다.

이 모든 것은 억지로라도 정지 상태에서 벗어나려고 하는 절박한 몸부림에 불과하다. 단조로운 안정은 오히려 고통을 안겨주기 때문이다.

❖ '동정심(同情心)'은 참으로 신비롭다. 나와 타인의 경계선이 허물어짐으로써 타인이 참된 의미에서 '나'로 간주되기 때문이다. 따라서 모든 자발적인 정의와 순수한 자선은 동정심을 유일하고도 진실한 토대로 삼고 있다.

그뿐 아니라 동정심은 인간 양심에 속하는 부인할 수 없는 하나의 실체이다. 이는 외부에서 주입된 어떤 사상, 관념, 교리, 신화, 교육, 수양 등을 근거로 삼지 않고, 오직 인간의 천성에서 자발적으로 생겨나 모든 시련을 견디고 어느 시대, 어느 나라에서든 나타난다.

따라서 우리는 모든 인간에게 동정심이 있다고 확신하면서 거기에 호소하고 의지하려고 하는 것이다.

또한 우리는 어떠한 의도 없이 동정심이 나타났을 때 찬탄을 쏟아내고, 순수한 도덕적 가치를 인식한다.

❖ 모든 도덕의 근본인 동정심은 인간으로 하여금 동물에게까지 사랑의 손길을 뻗게 한다.

인간의 동물에 대한 사랑과 긍휼히 여기는 마음은 선량한 성격과 밀접한 관계를 갖는다. 그러므로 동물을 학대하는 사람은 선량한 사람이 아니라고 단정 지을 수 있다. 이 점에 대해서는 어떠한 종교적 양심론도 필요 없다.

　사랑과 긍휼히 여기는 마음이 충만한 사람은 타인을 해치지 않고, 타인의 권리를 침범하지 않으며, 타인에게 악행을 저지르지도 않는다. 그뿐 아니라 모든 사람을 용서하고 사랑하며 힘이 닿는 데까지 도와줄 자세가 되어 있다.

❖ 자연이 우리에게 두려워하는 마음을 부여한 이유는 우리가 삶을 보다 안전하게 유지하면서 삶이 주는 여러 가지 위험을 피할 수 있도록 하기 위한 것이다.

　우리에게 필요한 것은 용기와 두려움 사이에서 적절한 균형을 유지하는 일이다.

❖ 어떻게 살 것인가? 여기에 대한 답은 한순간에 나오는 것이 아니다. 그것은 수많은 계획과 행동, 선택 그리고 실패와 반성을 반복해 가는 동안 조금씩 이루어진다.

　구해야 할 것과 피해야 할 것을 분별할 줄 아는 지식이 바로 지혜이다.

허식을 버리고 인내심을 배워라
― 매사에 조심하고 아량을 베풀어야 한다

❖ 아무리 선량한 성격을 지닌 사람이라도 올바른 관념과 교훈은 필요하다. 그렇지만 타고난 본성을 저버리고 이지적 사고에 의해 후천적 성격을 새롭게 만드는 일은 불가능하다.

우리는 모든 사람의 행동에 대해 어떤 이상적인 규범을 쉽게 생각해 낼 수는 있지만, 희한하게도 실생활에서는 그 이상적인 규범을 제대로 실천하지 못한다.

그렇다고 지나치게 실망할 필요가 없고, 실제 생활에서도 추상적인 교훈이나 격언대로 행동할 수 없다고 해서 차라리 멋대로 행동하는 것이 낫다고 생각해서는 안 된다.

이는 실제와 이론적 가르침과의 관계에서 기인한다. 이론은 이성과 지혜로 이해되지만, 실천은 훈련을 통해 차츰차츰 길들여야 하기 때문이다.

 또한, 오랜 수련으로 이루어진 자기교정은 외부적인 강요에서 비롯된 것이어서 타고난 천성은 결코 여기에 굴복하지 않는다. 그뿐 아니라 수시로 이에 반항함으로써 본래의 자신을 폭발시키곤 한다.

❖ 우리는 무엇보다 허식(虛飾)을 버려야 하는데, 우리가 허식을 천하게 보는 이유는 무엇일까?

 첫째, 자신의 무능을 두려워하는 데서 비롯된 비열하고 거짓된 행위이기 때문이다.

 둘째, 자신을 자신 이상으로 보이려고 하는 자기 과장이기 때문이다.

❖ 재능도 없는 사람이 스스로를 치켜세워서 우쭐대는 것은 자신이 그러한 재능을 갖고 있지 않다는 것을 자백하는 것과 마찬가지다.

 그러므로 용기, 학식, 재능, 외모, 재산, 지위 등을 다른 사람 앞에서 내세우는 것은 그것이 자신에게 결핍되어 있다고 스스로 단정 짓는 것과 다름없다.

 어떤 탁월한 점이나 뛰어난 면을 가진 사람은 스스로 만족하기 때문에 다른 사람에게 자랑할 필요를 느끼지 못한다.

 그러나 모든 외부의 속박을 벗어버리고 자기 자신의 본성을 있는 그대로 드러내는 일은 용납되지 않는다. 왜냐하면 인간의 본성에는 흉악하고 잔혹한 면이 적지 않으므로 이를 잘 감추어야 하기 때문이다.

❖ "같은 사람에게 사랑과 존경심을 동시에 갖기는 매우 어렵다."는 말이 있는데, 매우 합당한 말이라고 여겨진다. 그래서 우리는 다른 사람에 대해 사랑과 존경심 가운데 하나만을 선택할 수밖에 없다.
 그런데 인간의 사랑이란 겉으로 보기에는 여러 가지 형태로 나타나지만, 결국은 모두 다 이기적이다. 그뿐 아니라 우리가 사랑받고 있다는 것이 반드시 우리의 자랑이 될 만한 것이라고도 할 수 없다.

❖ 존경심은 사랑과 다르다. 존경심은 의지에 반하여 강요하는 면이 있어서인지, 은폐된 경우가 많다. 하지만 존경은 인간의 가치와 관련이 있으므로 내면적으로 훨씬 큰 만족감을 준다.
 사랑은 이 부분이 직접 적용되지 않지만, 그래도 인간에게는 사랑이 더 유용하다.
 한 가지 확실한 점은 존경은 객관적이고, 사랑은 주관적이라는 것이다. 특히 사랑은 늘 이기적이기 때문에 사랑을 얻기 위한 행위가 마냥 자랑스럽기만 한 것은 아니다.
 그러나 상대방의 정신과 마음을 얻으려는 욕구를 겸손하게 간직하면 할수록 상대방에게서 좀 더 큰 사랑을 받게 된다.

❖ 이 세상을 제대로 살아가기 위해서는 매사에 조심하고 아량을 베풀어야 한다. 매사 조심함으로써 피해와 손실을 피하고, 아량을 베풂으로써 충돌과 분쟁을 피하도록 한다.

또한 이 넓은 세상에서 살아가려면 결코 다른 사람의 개성을 배척해서는 안 된다. 그 개성이 아무리 악하고 무가치해도 '자연'이 그렇게 정해준 이상 변하지 않으므로, 영원한 형이상학적 이법(理法)에 의해 이루어진 것으로 간주해야 한다.

따라서 눈 뜨고 볼 수 없을 정도로 한심한 사람이 있더라도, 세상은 선인이나 현자들만 사는 곳이 아닌 만큼 그들의 삶에 대한 권리도 인정해 주는 것이 사람의 도리다.

❖ 어떤 사람의 개성을 철저히 배척한다는 것은 그 사람의 숨통을 끊는 것과 같은 행위로, 오히려 비난받아 마땅하다. 그 사람의 선천적인 개성, 예를 들면 도덕적인 성격이나 지능, 용모는 어느 누구와도, 또한 어떠한 방법으로도 바꿀 수 없기 때문이다.

한 인간의 됨됨이를 송두리째 배척하는 사람은 상대방에게 불가능한 일을 하라고 강요하는 것과 같으므로, 생존권리를 인정하지 않는 '생명의 약탈자'라고 볼 수밖에 없다.

그러므로 적어도 사람들 속에서 어울려 살아가려면 모든 사람의 타고난 개성을 인정해야 한다. 또한 그들의 생존권리와 자기주장의 권한을 인정하고, 각자의 성격과 소질을 적절히 사용하는 것이 바람직하다. 결코 그 사람의 개성을 완벽하게 바뀌길 바란다거나 철저히 배척해서는 안 된다.

"너도 살고, 남도 살려라."는 말도 이와 동일한 가르침이다.

그러나 이를 실천으로 옮기는 일은 결코 쉽지 않다. 따라서 여러 사람과 접촉할 필요가 없는 입장에 있다면 그 이상 좋은 것이 없다.

❖ 인간에 대한 인내를 배우려면 무생물에 대한 인내부터 배워야 한다. 인간 이외의 모든 사물은 거의 날마다 기계적이고 물리적인 불가항력으로 우리 행위를 방해하기 때문이다.

따라서 이에 대한 인내력을 키우면 인간에게도 그대로 인내력을 발휘할 수 있을 뿐 아니라, 불가피하게 생기는 것으로 생각되는 천재(天災), 물재(物災), 인재(人災)의 세 가지 재앙에 대해서도 한결같은 인내심을 유지할 수 있다.

다른 사람의 행위에 분노를 느끼는 것은 마치 발끝에 돌이 굴러왔다고 화를 내는 것처럼 못난 짓이다. 또한 그가 새로운 사람이 되기를 원하기보다 그의 개성을 이용하는 방법을 강구하는 것이 차라리 현명한 태도다.

사람을 대하는 기본적인 태도
― 인간은 자신의 지성 정도에 따라 타인을 파악하고 이해한다

1

 정신 및 성향이 비슷한 두 사람이 첫눈에 서로를 알아보고 서로에게 다가가려 노력하고, 친절하고 반가운 마음으로 인사하고, 마치 오랜 친구라도 되는 것처럼 급속도로 친해지는 광경은 참으로 신기하기도 하고 놀랍기도 하다.
 정신 및 성향이 서로 다른 사람끼리 대화를 나누는 경우, 한쪽이 하는 거의 모든 발언이 다른 한쪽을 불쾌하게 만들 뿐 아니라 매우 화나게 만든다. 이와 반대로 정신 및 성향이 비슷한 사람끼리 대화를 나누면 대화가 조화롭고 순조롭게 이루어지는 경우가 대부분이다.

그러나 많은 부분이 일치하는 사람들 사이에도 관계가 틀어지고 불화가 생기는 이유는 현재의 기분이 저마다 다르기 때문이다.

현재의 기분은 상황, 직업, 환경, 신체 상태, 순간적인 사고 과정 등에 따라 달라진다.

2

자신을 넘어서 다른 사람을 볼 줄 아는 사람은 극히 드물다. 누구나 자신과 같은 크기로 다른 사람을 본다는 뜻이다.

인간은 자신의 지성 정도에 따라 다른 사람을 파악하고 이해하기 때문이다.

아무리 위대한 정신의 소유자라 해도 지성 정도가 매우 낮은 사람에게는 아무런 영향도 미치지 못한다.

저급한 인성을 가진 자는 위대한 정신이나 훌륭한 재능을 가진 사람에게서 그 무엇도 배우지 못하고 오직 약점, 성격적 결함, 부족한 능력 등만을 보려고 하기 때문이다.

훌륭한 정신의 소유자도 어리석은 사람에게는 여러 결함의 집합체에 불과할 뿐이다.

상대방에 관한 생각은 대부분 이런 인식을 바탕으로 형성된다.

3

　인간은 본래 매우 주관적인 성향을 지닌 존재이기 때문에 근본적으로 자기 자신과 관련된 것 이외에는 관심조차 없다. 그래서 모든 것을 자기 자신과 연관시켜서 생각할 뿐, 다른 사람의 말이 얼마나 진실하고 적절하며 아름답고 세련되고 재미있는지에 대해서는 생각도 하지 않고 감정도 없다.

　반면 자신의 하찮은 허영심에 아주 조금이라도 상처를 주거나, 자신의 가장 소중한 자아에 어떤 식으로든 불리하게 작용할 것 같은 행위에는 온 신경을 집중할 정도로 예민하게 군다.

　그래서 어떤 것이 중요하다는 근거가 제시되어도, 그것이 자신의 이익이나 허영심에 영향을 미친다면 철저하게 무시하면서 광분한다.

　이렇듯 쉽게 상처를 받는 사람의 연약함은 실수로 살짝 발을 밟힌 강아지가 낑낑거리는 모습과 비슷하다.

4

　많은 사람이 다른 사람의 마음에 들려고 할 때 가면을 쓴다. '꼬리를 치지 않을 정도로 나쁜 개는 없다.'는 이탈리아 속담을 염두에 두면서 이런 가면에 속지 말아야 한다.

　속지 않으려면, 새로 알게 된 사람에게 지나친 호감을 갖지 않도록 주의하는 것이 우선되어야 한다. 그렇지 않으면 대부분 부끄러운 일을 당하거나 큰 피해를 입어서 환멸을 느끼게 될 것이다.

"그가 어떻게 칭찬받는지를 보면, 그 사람의 인격을 판단할 수 있다."는 세네카의 말도 잊지 말자.

자신이 속한 모임의 규칙을 거리낌 없이 어기는 사람은 본인만 위험하지 않다면 한 나라의 법도 어길 것이다.

접촉하거나 교제하는 사람이 불쾌하고 짜증스러운 모습을 보이면, 앞으로 이와 같은 일보다 더한 일이 생겨도 그것을 참아낼 만큼 상대가 가치 있는지 자문해 봐라.

모든 것을 감수할 만큼 상대가 소중하다면 때에 따라 훈계를 하든 못 본 체하든 선택하면 된다. 다만 이때의 결정은, 나중에도 또다시 같은 일을 하라고 등을 떠미는 행위나 다름없다는 사실을 스스로 인식해야 한다.

이에 반해 상대가 소중하지 않다면 즉시 절교해야 한다. 그럴 일이 없을 거라고 맹세해도, 어떤 상황이 발생하면 필연적으로 똑같은 일을 하거나 아주 비슷한 행동을 할 것이기 때문이다.

만약 이런 이유로 절교한 상대와 화해하면, 상대는 기회가 오자마자 예전에 절교의 원인이 된 행동을 그대로 다시 반복할 것이 분명하다. 그러면서 자신이 상대에게 꼭 필요한 사람이라는 인식을 은밀히 갖게 하고, 절교의 원인이 된 행동을 정당화하려고 가스라이팅할 것이다.

따라서 상대의 비열함이나 치졸함을 마주하면, 그것을 짜증이나 분노로 발산하지 말고 인식 전환의 소재로 삼아야 한다.

5

지금 이 세상에는 참된 존경과 우정 대신 이를 가장한 외모와 그럴듯하게 꾸민 표정이 난무하고 있다. 하긴 참된 존경과 우정을 바칠 만한 인간이 과연 있는지도 의문이지만…….

아무튼 나는 맹랑한 말이나 거짓된 표정으로 위장된 인간보다는 차라리 한결같이 꼬리를 살랑살랑 흔들어대는 충실한 개가 훨씬 반갑다.

만일 이 세상에 참으로 깨끗한 우정이 있다면, 조금의 사심도 없는 객관적인 동정심으로 친구의 행복과 불행을 바라보아야 한다. 물론, 이때의 동정심은 오직 '친구와 자신이 동심일체'라는 관점에서 비롯되는 것을 뜻한다.

그러나 인간이 지닌 선천적 이기심은 '일치'라는 관점에서 볼 때 완전히 배치되므로, 참된 우정이 옛날이야기에 나오는 커다란 바다뱀처럼 실재하는 것인지 아니면 단순한 전설인지를 좀처럼 분간할 수가 없다.

그러나 일부 인사들이 꾸준히 교제하고 있는 것으로 봐서, 이 불완전한 세상에 그런대로 '우정'이라고 인정할 만한 것이 남아 있긴 한 모양이다.

이 사회에서 흔히 보게 되는 인간관계는 우정에 비하면 훨씬 가볍고, 거짓과 불신으로 충만해 있다. 만일 '친한 사람'이 내가 보지 않는 데서 내 이야기를 하는 소리를 듣게 된다면 두 번 다시 그와는 얼굴을 맞대고 싶지 않을 것이다.

진정한 친구가 누구인지 알아보고 싶다면, 자신이 최근에 겪은 불운을 그에게 이야기해 봐라. 누군가의 희생을 필요로 하는 경우는 빼고.

그때 친구의 얼굴은 진심 어린 슬픔으로 가득하거나 반대로 냉정한 태도를 취할 것이다.

보통의 친구라면 "인간은 가장 친한 친구의 불행을 보면서 종종 기쁨을 느낀다."는 로슈푸코(Rochefoucauld, 프랑스의 잠언 작가)의 말처럼 입가가 움찔하며 '악마의 웃음'을 지을지도 모른다.

사실 인간을 가장 기쁘게 하는 것 가운데 하나는 친한 친구가 최근에 겪은 자신의 큰 불운을 호소하거나 약점을 고백하는 말을 듣는 것이다. 이것이 바로 인간의 특징이다.

친구와 오랫동안 만나지 않으면 우정도 멀어진다. 이것을 인정하지 않는다 해도 숨길 수 없는 사실이다.

아무리 친한 사이라도 만날 수 없게 되면 시간이 지남에 따라 우정도 시들해져서 어느 순간 우정은 추상적인 관념이 되고, 동정심도 사라진다. 현재의 동정심은 자주 접촉하는 사람들이나 심지어는 옆에 있는 강아지에게 돌아간다. 인간의 본성은 지극히 감정에 의존하기 때문이다.

친구는 서로에게 '성실'을 내세운다. 그러나 참으로 성실한 것은 친구가 아니라 '적'이다.

따라서 우리는 적의 비난을 쓴 약이라 생각하고, 그로부터 자기 자신에 대한 정당한 지식을 얻도록 해야 한다.

6

다른 사람에 대한 우리의 신뢰는 태만, 이기심, 허영심 등과 관계된다.

태만은 스스로 점검한 뒤 경계하면서도, 그것을 직접 하지 않고 다른 사람에게 맡기는 것이다.

이러한 이기심은 지금 직면한 문제를 이야기하고 싶다는 욕구에 끌려, 그것을 다른 사람에게 직접 털어놓을 때 나타난다.

만일 우리가 다른 사람에게 자신의 자랑을 늘어놓는다면 허영심의 발로라고 할 수 있다. 그런데도 우리는 사람들에게 자신의 신뢰를 존중해 달라고 요구한다.

이와는 반대로, 우리는 불신에 대해 흥분해서는 안 된다. 불신 속에는 공정성에 대한 찬사가 숨겨져 있으며, 공정성이라는 것은 좀처럼 존재하지 않는다는 사실을 떳떳하게 고백하는 것이기 때문이다. 그런 점에서 공정성은 존재가 의심스러운 것 가운데 하나다.

7

예의 바른 몸가짐이란 도덕적·지적으로 빈약한 상태를 서로 무시하고 드러내지 않기 위해 사람들이 암암리에 합의한 것이다. 그리하여 서로의 도덕적·지적 빈약함은 폭로되지 않고, 이익만 남게 된다.

따라서 예의 바른 몸가짐은 현명한 행위이며, 이를 무시하는 것은 어리석은 짓이다.

또한 예의 바른 몸가짐을 하지 않음으로써 불필요하게 적을 만드는 일은 그야말로 미친 짓이다. 특히, 대화할 때 아무리 우호적인 말이라도 지적하는 발언은 삼가야 한다. 누군가의 감정을 상하게 하는 일은 쉽지만, 누군가를 개선하기란 불가능까지는 아니더라도 몹시 어렵기 때문이다.

8

다른 사람의 행위와 행동이 자기 자신에게 표본이 될 수는 없다. 개개인은 상황, 환경, 기질 면에서 다른 사람과 결코 같을 수 없기 때문이다.

　따라서 사람은 충분히 생각하고 날카롭게 고찰함으로써 자신의 성격에 맞게 행동해야 한다. 그뿐 아니라 실천 측면에서도 자신만의 개성이 들어가야 한다. 그렇지 않으면 자신이 하는 일이 자신의 성격에 맞지 않게 된다.

　마치 어떤 개성을 지닌 것처럼 과시하는 것은 스스로가 그 개성을 지니지 않았음을 자인하는 것이나 다름없다.
　누군가가 용기든 박식함이든 뛰어난 정신이든 재치든 외모든 부유함이든 고귀한 지위든 그밖에 어떤 것을 과시하는 행동을 보이면 바로 거기에 그 사람의 부족함이 있다고 생각하면 된다.
　정말로 온전한 개성을 지닌 사람은 그 개성을 드러내거나 과시하지 않고 묵묵히 만족한다.

9

　우리는 어느 누구와도 견해 차이로 다투어서는 안 된다. 상대방이 믿고 있는 모든 불합리함을 이해시키려고 아무리 많은 시간을 쏟아부어도 우리는 그를 설득할 수 없다.
　상대를 화나게 하는 일은 어렵지 않지만, 그의 마음을 바꾸게 하는 것은 비록 불가능하지는 않더라도 쉬운 일이 아니기 때문이다.

만일 지금 상대방이 하는 말이 너무나 어처구니가 없어 화가 난다면, 그 상황을 단순히 희극의 한 장면이라고 생각해라. 그것만이 가장 합리적이며 적절한 대응책이다.

10

상대방에게 자신의 판단을 믿게 하고 싶다면, 상대에게 말할 때 아무런 정열도 담지 말고 냉정하게 말해라. 모든 격정은 의지에서 비롯되기 때문이다.

인간에게 있어서 근원적인 것은 의지이며, 인식은 단지 이차적이고 부수적인 것일 뿐이다.

그러므로 사람들은 의지의 자극이 판단에서 생겼다기보다 자극받은 의지에서 판단이 내려졌다는 쪽을 믿을 것이다.

11

만일 누군가가 거짓말을 한다는 의심이 들면 그것을 믿는 척하는 것이 좋다.

그러면 상대는 더욱 대담해져 더 심한 거짓말을 하다가 결국 거짓이 들통나고 말 것이다.

이와는 반대로 상대방이 숨기고 싶은 이야기를 무심코 꺼냈다는 사실을 알아차렸을 때는 그 말을 믿지 않는 척하는 것이 좋다.
그러면 상대방은 실수를 만회하기 위해 그 이야기를 피할 것이다.

12

우리는 자신이 가진 개인적인 모든 문제를 비밀로 해야 한다. 그리고 원수가 알아서는 안 될 일은 친구에게도 말하지 말아야 한다. 그들이 어떤 것에 대해 알고 있다는 사실이 상황에 따라서는 자기 자신에게 불리하게 작용할 수도 있기 때문이다.

그뿐 아니라 일반적으로는 자신의 분별을 스스로 말하는 것보다 침묵하는 것이 더 바람직하다. 전자에는 허영심이, 후자에는 현명함이 있기 때문이다.

그러나 사람들은 상대에게 자신의 이야기를 함으로써 일시적인 만족감을 얻기 때문에 자신도 모르게 말하는 쪽을 선택하는 경우가 매우 빈번하다.

특히 활기가 넘치는 사람은 자기 자신에게도 소리를 내어 말하곤 하는데, 소리를 내어 말함으로써 마음이 즐거워지는 것도 하나의 습관이므로 경계하는 것이 바람직하다.

침묵의 나무에는 평화의 열매가 열린다.

13

 재능과 지성을 드러내 보이는 것이 모임에서 사랑받는 방법이라고 생각하는 사람은 얼마나 어리석은가! 이런 행위는 오히려 많은 사람에게 큰 미움과 원한만을 살 뿐이다.
 그러나 우리에게는 자신에게 미움과 원한을 가지는 이유가 뭐냐고 불평할 권리가 없다. 도리어 미움과 원한의 근거가 된 재능과 지성을 비난하는 게 정당하지 않을수록, 이런 감정을 감추려고 하면 할수록 미움과 원한은 더 뿌리 깊게 자리 잡을 뿐이다.
 가령 누군가가 상대방의 지적 우월성을 알아차렸다면, 그는 상대방이 티를 내지 않을 뿐 자신의 열등함과 편협함을 알아채고 감지했을 거로 여긴다.
 그리하여 상대방의 지적 우월함에 자극을 받은 사람은 자신도 모르게 상대방에 대한 미움과 원한을 마음속에 장착하게 된다.
 이와 관련하여 발타사르 그라시안(Baltasar Gracián, 스페인의 철학자, 작가)은 "사람들에게 호감을 얻고 싶다면 가장 어리석은 동물의 가죽을 입어라."라고 말했다.
 결국 재능과 지성을 드러내 보이는 일은 간접적으로 다른 모든 사람의 무능과 우둔함을 비난하는 행위라는 뜻이다.
 이런 관점에서 볼 때, 자신의 결정적인 우월함을 남 앞에 보이는 행위는 아주 대담한 일일 수밖에 없다. 그 우월함을 목격한 인간은 마치 참기 힘든 자극이라도 받은 것처럼, 우월함을 내보인 자에게 모욕을 느끼게 해서 보복할 기회를 노리기 때문이다.

　모든 종류의 정신적 우월함은 주변으로부터 고립되는 특성이 있다.
　높은 지위와 부유함은 사회에서 언제나 존경을 기대할 수 있지만, 정신적 장점으로는 절대 존경을 기대하지 못한다. 그냥 무시만 당하고 말면 그나마 다행이다. 아무리 겸손하게 행동해도 지적인 우월성에 관해 호의를 보일 확률은 거의 없기 때문이다.
　총명한 사람이 무지한 자를 미워하는 것보다 무지한 자가 총명한 자를 미워하는 감정이 백 배는 더 크다. 이는 주지의 사실이다. 바로 이러한 이유로 무지하고 외모가 보잘것없는 사람은 좋은 평판을 쉽게 얻는다. 옆에 있으면 편하기 때문이다.
　이와 비슷한 예로, 지나치게 아름다운 사람에게는 누구도 가까이 하려 하지 않는다. 그로 인해 주변이 어두워 보이기 때문이다. 반면 높은 지위를 가진 사람에게는 사람들이 모여든다. 그는 주변을 밝게 비추기 때문이다.
　인간은 정신적 우월함을 피하고 미워하며, 이를 구실로 온갖 책임을 우월한 정신을 가진 사람에게 덮어씌운다.

14

　사람은 가능한 한 그 누구에게도 적대감을 품어서는 안 된다. 하지만 상대방의 태도에 주의를 기울이고 그것을 기억해 두는 일은 매우 중요하다.

이는 자기 자신의 가치를 그것에 따라 확립하고, 행동과 태도를 스스로 규제하기 위해서다. 단, 그렇게 한다고 해도 성격은 변하지 않는다는 사실을 염두에 두어야 한다.

어떤 사람의 좋지 않은 면을 잊어버리는 것은 마치 고생해서 번 돈을 잃어버린 것과 같다. 그런 만큼 어리석은 친절과 어리석은 우정은 두고두고 조심해야 한다.

"사랑하지도 않고, 미워하지도 않는다."라는 말이 처세술의 절반이라면, "아무것도 말하지 않고, 아무것도 믿지 않는다."가 나머지 절반이다.

물론 사람들은 이러한 규칙과 함께, 규칙이 필요한 세상으로부터 등을 돌리고 싶을 것이다.

15

자신이 손에 들고 있는 물체의 무게는 잘 알아도 자신의 몸무게는 느끼지 못하는 것처럼, 사람은 자신의 결점이나 악덕은 알아차리지 못해도 다른 사람의 좋지 않은 면은 금방 파악한다.

이렇듯 인간은 누구나 다른 사람이라는 거울을 갖고 있으며, 그 속에서 자신의 악덕, 결점, 무례, 갖가지 종류의 언짢은 모습을 확인하게 된다.

하지만 이때 대다수의 사람은 거울을 보며 짖어대는 강아지와 같은 태도를 보인다. 그 강아지는 거울 속에 있는 자신의 모습을 다른 강아지로 생각하며 마구 짖어대지 않는가.

다른 사람의 행위를 비판하는 사람은 스스로 나아지려고 노력하는 사람이다. 이런 사람은 다른 사람의 행동을 묵묵히 살핀 뒤 자기 마음속에 담아두고 날카롭게 비판함으로써 자기 자신의 잘못을 바로잡고 자기완성에 매진한다고 볼 수 있다. 그는 자신이 날카롭게 비판한 행위를 하지 않을 정도의 공정성과 자부심, 허영심을 가지게 되기 때문이다.

하지만 관대한 사람은 이와 반대되는 경향을 보인다. 자신이 용서해 주는 대신, '나는 용서를 바란다.'는 식의 모습을 보이는 것이다. '남의 눈에 들어 있는 티끌은 보면서 제 눈 속에 들어 있는 들보는 보지 못한다.'는 말도 있지 않은가!

그러나 눈은 원래 외부를 보는 기관이지 자기 속을 들여다보는 기관이 아니다. 따라서 자신의 결점을 알기 위해서는 다른 사람의 결점을 주의 깊게 살피고, 이것을 비판하는 것이 가장 적절한 방법이라고 할 수 있다. 인간은 자신을 바로잡기 위해 거울이 필요한 존재이기 때문이다.

16

　고결한 사람들은 젊은 시절에 인간과 인간의 본질적이고 결정적인 관계 그리고 거기에서 생기는 인간 사이의 결합은 이상적인 것 ― 이를테면 성향, 사고방식, 취미, 정신력 등 ― 이 비슷한 경우에 이루어진다고 생각한다.

　그러나 그들도 나이를 먹어감에 따라서 인간 사이의 관계나 결합은 현실적인 것, 이를테면 물질적인 이익 등에 의존한다는 사실을 알게 된다.

　그러한 변화가 생기게 된 연유를 살펴보면, 고통과 결함뿐인 이 세상에서는 물질적인 불행에 대처할 수 있는 수단이 가장 중요한 것으로 간주되기 때문이다.

　실제로 많은 결합의 근거에는 물질적인 이익이 자리 잡고 있으며, 대다수의 사람은 이 이외의 결합에 대해서는 아무런 개념도 갖고 있지 않다고 봐도 과언이 아니다.

17

　이 세상을 살아가려면 조심성과 관대함을 지니고 있는 것이 유익하다. 매사에 조심하면 손해나 손실로부터 몸을 지킬 수 있고, 세상일을 관대하게 바라보면 싸움과 분규에 말려드는 일이 없기 때문이다.

　인간은 사람들 속에서 살아가지 않으면 안 되는 존재이기 때문에 일단 정해진 것이라면 아무리 최악의 것, 황당하거나 가소로운 짓이라 하더라도 다른 사람의 개성을 무조건 비난해서는 안 된다.

18

 언젠가부터 불합리하고 말도 되지 않는 일들이 사람들 사이에서 또는 사회 속에서 태연스럽게 말해지고, 문학작품 속에서도 당당하게 그려지고 있다.
 그런데 더욱 의아스러운 것은, 이런 점에 대한 어떤 지적도 제기되고 있지 않다는 것이다.
 하지만 이렇게 불합리하고 말도 되지 않는 일들이 횡행한다고 해서 절망한다든가, '무슨 사정이 있겠지.'라고 생각해서는 안 된다.

저자 연보

1788년 2월 22일 유럽의 항구 도시인 단치히에서 상인이었던 아버지 하인리히 플로리스 쇼펜하우어와 소설가인 어머니 요한나 쇼펜하우어의 장남으로 출생했다.

1793년(5세) 단치히가 프로이센에 합병되자 가족이 함부르크로 이주했다.

1797년(9세) 여동생 아델레가 출생했다. 아버지가 프랑스 르아브르에 있는 친구 집에 쇼펜하우어를 맡겼고, 여기서 쇼펜하우어는 2년간 지내며 프랑스어를 익혔다.

1799년(11세) 프랑스에서 돌아와 상인(商人) 양성기관인 룽게 박사의 사립학교에 입학했고 이곳에서 4년 동안 공부했다. 아버지는 쇼펜하우어가 자신의 뒤를 이어 사업가가 되기를 희망했다.

1800년(12세) 아버지와 함께 하노버, 칼스바트, 프라하, 드레스덴을 여행했다.

1803년(15세) 상인이 되라는 아버지의 권유로 온 가족과 함께 유럽 여행을 했다. 이 여행은 상인이 되기 싫어하는 쇼펜하우어를 달래기 위한 것이었다. 런던에 도착하여 신부 랭카스터의 집에서 머물며 영어를 익혔다.

1804년(16세) 프랑스를 여행했으며 다시 스위스, 빈, 드레스덴, 베를린을 거쳐 돌아왔다. 쇼펜하우어는 여행 도중에 사색하며 많은 일기를 썼는데 진지한 고민이 많았다. 단치히에서 상인 실습을 시작했으나 무관심했다. 이 시기에는 아버지의 서재에 드나들며 문학, 수학, 역사 등을 독학했다.

1805년(17세) 아버지가 창고 통풍창에서 떨어져 사망했다(자살한 것으로 추정된다).

1806년(18세) 아버지 사망 후, 가족이 바이마르로 이주했다. 쇼펜하우어만 함부르크에 남아서 상인 실습을 계속했다. 아버지의 희망대로 상인이 될 생각이 없었던 쇼펜하우어는 몰래 근무지를 이탈하여 골상학으로 유명한 프란츠 요제프 갈의 공개 강연을 들으러 가기도 했다.

1807년(19세) 어머니의 권유로 상인 실습을 중단한 후에 고타에 있는 김나지움에 입학했다. 엄청난 열정으로 라틴어와 그리스어를 학습했다. 고전어를 가르친 교사들은 쇼펜하우어가 미래에 뛰어난 고전학자가 될 것이라고 칭찬했다. 하지만 쇼펜하우어는 1년도 못 가서 김나지움을 자퇴했다.

1809년(21세) 괴팅겐대학교 의학부에 입학해 한 학기 동안 의학을 공부했지만 철학에 더 흥미를 두었다. 대학에서 화학, 물리학, 천문학, 수학, 언어학, 법학, 역사 등 여러 강의에 적극 참여하며 공부했다. 쇼펜하우어는 학교의 몇몇 천박한 교수들의 강의보다도 이미 죽고 없는 과거의 위인들이 남긴 작품들이 더 가치있을 때가 많다고 생각했다. 강의에 대한 개인적인 감상문과 논평을 많이 썼으며 몇몇 교수들의 의견을 비판하고 논리적으로 공격하는 발언을 서슴지 않았다. 쇼펜하우어는 자신이 습득한 당대의 자연과학적인 지식을 토대로 철학적인 생각을 하는 것을 자랑스러워했다.

1810년(22세) 철학자인 고틀로프 에른스트 슐체(Gottlob Ernst Schulze)의 강의를 들었다. 슐체에게 특히 플라톤과 칸트를 깊이 연구해보라는 진지한 조언을 들었다.

1811년(23세) 어머니가 당시 독일 문학계의 거장인 크리스토프 빌란트에게 쇼펜하우어가 철학 전공을 못하도록 설득해줄 것을 부탁했다. 78세인 빌란트는 23세의 쇼펜하우어와 만나서 설득은커녕 쇼펜하우어의 태도에 감명받아 자상한 조언과 격려를 해주었다. 결국 쇼펜하우어는 제대로 철학을 공부하기로 결심했고, 가을에 베를린 대학교(현재의 베를린 훔볼트 대학교)로 전학했다. 베를린대학에서는 동물학, 지리학, 천문학, 생리학, 시학, 어류학, 식물학, 조류학 등 여러 강의를 열심히 들었다. 당대의 유명 학자였던 셸링, 피히테의 사상을 공부했으나 회의를 품고 이들을 혐오하게 되었으며, 후에 자신의 저서에서 이를 대놓고 드러냈고 일기에도 비판하는 글을 썼다. 특히 피히테에 대해서는 '대중 앞에서 웅변을 토하며 진지한 표정으로 심오한 사상가인 척하는 사기꾼' 정도로 폄하했다. 반면에 고전학자 프리드리히 아우구스트 볼프의 고대 그리스 역사와 철학 강의에 대해서는 존경심을 표했다.

1812년(24세) 플라톤, 임마누엘 칸트, 베이컨, 존 로크, 데이비드 흄 등 여러 사상가를 깊이 탐구했다. 또한 슐라이어마허의 강의를 열심히 들었지만 매우 실망했다.

1813년(25세) 오스트리아, 프로이센, 러시아 연합군과 프랑스 나폴레옹 군대 사이에 전쟁이 재발했다. 쇼펜하우어는 베를린을 떠나서 루돌슈타트에서 학위 논문인 <충족 이유율의 네 겹의 뿌리에 관하여>를 완성했다. 이 논문은 쇼펜하우어 사상의 기초가 되는 것으로, 이를 예나의 튀링겐 주립대학교에 제출하여 철학박사 학위를 받았다. 이후 쇼펜하우어는 요한 볼프강 폰 괴테에게 이 논문을 증정했는데, 괴테는 이를 읽고서 그의 사상에 적극 동조하게 되었다. 쇼펜하우어는 수개월 동안 괴테와 교제하며 색채론에 관해서 함께 연구하고 토론을 나누었으며, 괴테는 가끔 쇼펜하우어를 자기 집에 초대해 다양한 주제를 놓고 대화를 주고받았다.

1814년(26세) 바이마르의 공공도서관에서 <우파니샤드>의 라틴어 번역본 <우프네카트>를 읽고 탐구했다. 쇼펜하우어는 어머니와 심각한 갈등을 겪은 이후로 드문드문 편지 왕래 이외에는 평생 어머니와의 만남을 갖지 않게 되었다.

1816년(28세) 괴테와 색채론에 관해 토론하여 얻은 결실인 <시각과 색채에 대하여>가 발표되었다. 이 논문에서 쇼펜하우어는 자신의 실험을 토대로 뉴턴의 색채론과 괴테의 색채론을 비판하기도 했다.

1818년(30세) 일생의 역작 <의지와 표상으로서의 세계(Die Welt als Wille und Vorstellung)>를 완성했다. 자신의 책이 역사적 의의가 있다는 것을 확신하던 쇼펜하우어는 1년 동안 100권밖에 팔리지 않자 자신의 책을 몰라보고 무시하는 태도를 취하는 동시대 교수들에 대한 증오심이 차올랐다.

1819년(31세) 베를린대학교(현재의 베를린 훔볼트 대학교)에 강사직을 지원했다. 쇼펜하우어는 헤겔의 강의 시간과 같은 시간대에 강의할 것을 희망했다.

1820년(32세) 채용 여부가 결정되는 시범 강의에서 통과했다. 당시 50살이었던 노련한 헤겔은 쇼펜하우어와 강의 중에 약간의 논쟁을 벌였다. 쇼펜하우어의 강의 계획은 1820~1822년 그리고 1826~1831년으로 예정되어 있었지만 인기가 없어서 한 학기만에 폐강하고 말았다. 이후 쇼펜하우어는 자신의 저서 곳곳에서 헤겔, 피히테 같은 학자에 대한 불만을 표출했고, '몽상적인 이론을 퍼트려서 대중을 속여먹는 저열한 사기꾼', '대중들의 두뇌를 해치는 넌센스 삼류작가', '철저히 무능하고 간사한 대학교수 패거리의 두목' 등이라고 비난했다.

1822년(34세) 이탈리아로 여행했다. 이탈리아의 문화, 예술, 환경을 경험하고 이에 대해서 배우고 기록했다.

1823년(35세) 여행을 마치고 독일로 돌아와 뮌헨에서 겨울을 보냈다. 여러 질병과 청각장애로 가장 울적한 시기를 보냈다.

1824년(36세) 가슈타인(스위스), 만하임, 드레스덴에서 체류했다. 쇼펜하우어는 '멀쩡히 잘 걷는다는 사실만으로 나와 수준이 대등하다고 여기는 인간들과 가급적 사귀지 않기로 결심했다.'고 일기에 쓰며 고독한 심정을 드러냈다.

1825년(37세) 베를린으로 돌아와 우울한 나날 속에서 스페인어를 열심히 공부하며 스페인어 책을 번역하기도 했다. 덕분에 예전에 익힌 그리스어, 라틴어, 프랑스어, 영어, 이탈리아어 외에 스페인어에도 매우 익숙해졌다.

1831년(43세) 이해에 콜레라가 베를린에 퍼졌다. 쇼펜하우어는 베를린을 떠나 프랑크푸르트로 이주하여 여생을 보냈다.

1833년(45세) 항상 유행이 지난 옷을 입었고, 애완견을 데리고 정해진 시간에 산책을 다녔으며, 혼잣말로 이상한 소리를 중얼대기도 해서 프랑크푸르트 주민들의 희한한 구경거리가 되었다. 쇼펜하우어는 꼭 필요한 경우를 제외하고는 집밖에 나돌아다니지 않기로 결심했다. 그의 저서가 사람들의 관심을 받고 서서히 알려지기 시작했다.

1835년(47세) 프랑크푸르트에서는 세상을 떠난 괴테를 위해 기념비 건립 계획을 세웠다. 쇼펜하우어는 당국에 괴테 기념비에 관한 건의서를 제출했다. '인류를 위해 온몸으로 활동한 정치인, 군인, 개혁자 같은 위인들을 기념하려면 전신상이 어울리지만, 머리를 써서 기여한 문학가, 철학자, 과학자들을 기념하려면 흉상을 제작하는 것이 좋다.'는 주장이었다. 하지만 이 의견은 받아들여지지 않았고, 완성된 괴테의 전신상 기념비는 매우 볼품없었다. 훗날 미술사학자 프란츠는 이 기념비에 대해 '국가적 재앙'이라는 혹평을 했다.

1836년(48세) 자연과학이 증명해낸 것과 자신의 학설이 일치한다는 생각을 반영한 <자연에서의 의지에 관하여>를 출판했다.

1838년(50세) 어머니 요한나 헨리에테가 72세의 나이로 사망했다.

1839년(51세) 노르웨이 왕립 학술원에 현상논문 <인간의지의 자유에 관하여(Ueber die Freiheit des menschlichen Willens)>를 응모해 수상했다.

1840년(52세) 덴마크 왕립 학술원에 현상논문 <도덕의 기초에 관하여(Ueber die Grundlage der Moral)>를 단독으로 지원했지만, 학술원은 '이 시대의 대단한 철학자인 헤겔, 피히테 등을 비난했다.'는 등의 이유로 반송했다. 이에 쇼펜하우어는 '하찮은 판정'이라며, 헤겔을 노골적으로 비난한 것은 인정하지만 헤겔이 '대단한 철학자'라는 것은 인정하지 못한다고 주장했다. 그리고 판정에 반론하는 글을 추가해 책으로 출판했다.

1841년(53세) 두 현상논문을 묶어서 <윤리학의 두 가지 근본문제(Die beiden Grundprobleme der Ethik)>를 출판했다.

1844년(56세) <의지와 표상으로서의 세계> 제2판을 완성해 제1판의 재판과 함께 출판했다.

1845년(57세) <의지와 표상으로서의 세계>의 '부록'인 셈인 <여록

과 보유(Parerga und Paralipomena)>를 쓰기 시작했다.

1847년(59세) <충족이유율의 네 겹의 뿌리에 관하여>의 개정판을 출간했다.

1851년(63세) <여록과 보유>를 출간했다. 출판사의 암울한 예상과는 달리 이 작품은 쇼펜하우어의 저서들 중에서 가장 인기를 끌면서 많이 판매되었다.

1854년(66세) <자연에서의 의지에 관하여> 개정판을 출간했다. 이 책에서도 쇼펜하우어는 헤겔과 헤겔의 '교수 파벌' 때문에 독일 철학계가 오염되었다고 혹독한 비판을 하며, 대학교에서 철학을 배우려는 것은 인생낭비에 불과하니 자신의 사상과 칸트의 사상을 공부하라고 충고했다.

1855년(67세) 라이프치히 대학의 철학과가 '쇼펜하우어 철학 원리에 대한 해명과 비판'이라는 현상 과제를 제시했다. 여러 대학에서 쇼펜하우어의 사상에 관련된 강의가 개설되기 시작했다.

1857년(69세) 쇼펜하우어에 대한 강의가 본 대학교와 브레슬라우 대학교에 개설되었다. 또한 쇼펜하우어의 몇몇 책을 영국, 프랑스에서 번역하여 출간했다.

쇼펜하우어는 이 시절의 심정을 시적으로 이렇게 표현했다.

"나는 이제 여정의 목적지에 지쳐서 서 있다. 지친 머리는 월계관을 쓰고 있기도 힘들구나. 그래도 내가 했던 일을 기쁘게 돌아볼 수 있는 까닭은 누가 뭐라 하든 흔들리지 않았기 때문이리라."

프리드리히 니체는 1888년 이에 대해 다음과 같은 말을 남겼다. "그가 가르친 것은 지나갔으나 그가 살았던 것은 남으리라. 이 사람을 보라. 그는 누구에게도 굴복하지 않았노라."

1858년(70세) 쇼펜하우어의 70세 생일 파티가 열렸고, 신문 기사에도 이에 관한 소식이 실렸다. 유럽 각지에서 쇼펜하우어를 만나기 위해 손님들이 찾아왔다. 베를린 왕립학술원에서 쇼펜하우어를 뒤늦게 회원으로 추대하고자 했지만, 쇼펜하우어는 나이가 많다는 등의 이유로 거절했다.

1859년(71세) <의지와 표상으로서의 세계> 제3판이 출간되었다.

1860년(72세) 9월 21일 금요일 아침에 폐렴 증상을 겪었고, 프랑크푸르트 자택에서 사망했다.